Italienske Mesterverk

Utforsk Delikate Oppskrifter fra Det Italienske Kjøkken

Giuseppe Conti

INNHOLDSFORTEGNELSE

Fylt ris timbale 9

Ris og bønner i Veneto-stil 16

Sardinsk pølse med ris 18

Polenta 20

polenta med krem 22

polenta med ragu 23

Polenta Crostini, Three Ways 24

polentasmørbrød 27

polenta med tre oster 29

Polenta med Gorgonzola og Mascarpone 31

Sopp Polenta 33

Bokhvete og maismel polenta 35

stekt polenta med ost 37

Stekt polenta med pølseragout 39

Polenta i "kjeder" 41

farro salat 43

Farro, Amatrice Style 46

Farro, tomater og ost 48

Reker og bygg Orzotto 50

Bygg og grønnsaksorzotto 52

skinke og egg 54

Stekt asparges med egg 57

Egg i skjærsilden 59

Egg i tomatsaus i Marches-stil 61

Piemonte stil egg 63

firenze egg 65

Stekt egg med poteter og ost 67

paprika og egg 69

poteter og egg 71

Blanding av sopp og egg 74

Løk og rucola frittata 76

Zucchini og Basilikum Frittata 79

Kentucky Frittata 81

spinatfrittata 83

Sopp og Fontina Frittata 86

Napolitansk Spaghetti Frittata 88

Pasta Frittata 90

små tortillas 92

Ricotta blomst og zucchini frittata 94

Eggstrimler i tomatsaus 96

Havabbor med olivensmuler 99

havabbor med sopp 101

Tungefileter med oliven og tomatpuré 103

stekt torsk 104

Fisk i "galt vann" 107

Blå fisk med sitron og mynte 109

Biff med marsala og sopp 111

Biffruller i hvitvin 113

Biffruller med ansjos 115

Biffruller med spinat 117

Biffruller med prosciutto og ost 119

Grillede biffboller med mozzarella og brødsmuler 121

Stekte kalvekoteletter 123

Kalvekoteletter med rosmarin og hvitvin 125

stekte kalvekoteletter 127

T-bone steak med paprika 129

Kalvekoteletter fylt med skinke og fontina 131

Kalvekotelett, Milano-stil 133

stuet kalvekoteletter 135

Biff, potet og grønne bønner gryterett 137

Stuet biff med rosmarin og erter 139

Biff- og peppergryte 141

Oksegryte i rødvin 143

Oksegulasj med krem 146

Biff, chorizo og soppspyd 149

Leggbein, Milano-stil 151

Kalvelegg med Barbera 154

Kalvelegg med Porcini 157

roastbiff ben 160

Kalvekjøttbein, bestemorstil 162

Roastbiff med bacon 164

Biff i tunfisksaus 166

Stuet biffskulder 169

Biff fylt kål 171

Kalve- og tunfiskbrød 174

venetiansk lever og løk 177

Fylt oksebryst 179

Pølse og pepperpanne 183

Semolina gnocchi 185

Abruzzes brød dumplings 187

Ricotta fylte pannekaker 190

Timbale av Abruzzo pannekaker og sopp 193

Toskansk håndlaget spaghetti med kjøttsaus 197

Pici med hvitløk og brødsmuler 200

semulegrynsdeig 202

Cavatelli med ragu 204

Cavatelli med calamari og safran 206

Cavatelli med rucola og tomat 209

Orecchiette med svineragout 211

Fylt ris timbale

Sartu di Riso

Gir 8-10 porsjoner

Ris er ikke en vanlig ingrediens i det napolitanske kjøkkenet, men denne retten er en av regionens klassikere. Det antas å ha sine røtter i aristokratiske kjøkken drevet av kokker utdannet i Frankrike da Napoli var hovedstaden i de to kongedømmene Sicilia.

I dag er den laget for spesielle anledninger, og jeg har til og med spist moderne versjoner laget i en-størrelse panner.

Dette er en type iøynefallende rett som ville vært flott for en fest. Små dumplings og andre fyllingredienser søler ut av den gigantiske riskaken når den kuttes. Det er ikke vanskelig å gjøre, men det er flere trinn involvert. Du kan tilberede sausen og fyllet opptil 3 dager før du setter sammen retten.

Dyppe

1 unse tørket porcini-sopp

2 kopper lunkent vann

1 middels løk, hakket

2 ss olivenolje

1 boks (28 oz.) skrellede italienske tomater, ført gjennom en matkvern

Salt og nykvernet sort pepper

kjøttboller og pølser

2-3 skiver italiensk brød, kuttet i biter (ca. 1/2 kopp)

1/4 kopp melk

8 oz kjøttdeig

1/4 kopp nyrevet Parmigiano-Reggiano

1 fedd hvitløk, finhakket

2 ss hakket fersk bladpersille pluss mer til pynt

1 stort egg

Salt og nykvernet sort pepper

2 ss olivenolje

2 søte italienske pølser

Innstilling

8 oz fersk mozzarella, hakket

1 kopp ferske eller frosne erter

2 kopper mellomkornet ris som Arborio, Carnaroli eller Vialone Nano

Salt

1 kopp nyrevet Parmigiano-Reggiano

ferskkvernet sort pepper

2 ss usaltet smør

6 ss vanlige tørre brødsmuler

Pynt med hakket fersk persille

1. Tilbered sausen: Bløtlegg soppen i en middels bolle med vann i 30 minutter. Fjern sopp fra bløtleggingsvæsken. Sil væsken gjennom et papirkaffefilter eller fuktet ostelut over i en ren beholder og reserver. Skyll soppen under rennende vann, vær spesielt oppmerksom på bunnen der jorden samler seg. Finhakk soppen.

2. Ha løk og olje i en stor kjele på middels varme. Stek, rør av og til, til løken er myk og gyllen, ca. 10 minutter. Bland med den

hakkede soppen. Tilsett tomatene og den reserverte soppvæsken. Smak til med salt og pepper. Kok opp. Kok over lav varme, rør av og til, til den tykner, ca 30 minutter.

3. Forbered kjøttbollene: Bløtlegg brød i melk i 5 minutter i en middels bolle og klem. I samme bolle blander du brød, biff, ost, hvitløk, persille, egg og smak til. Bland godt. Form blandingen til 1-tommers kuler.

4. Varm olje i en stor stekepanne over middels varme. Tilsett kjøttbollene og stek, snu med tang, til de er gyldenbrune på alle sider. Overfør kjøttbollene til en tallerken med en hullsleiv. Fjern oljen og tørk pannen forsiktig med et papirhåndkle.

5. Kombiner pølsene og nok vann i den samme pannen til å dekke dem halvveis. Dekk til og kok på lav varme til vannet fordamper og pølsene begynner å bli brune. Avdekke og kok pølser, vend av og til, til de er gjennomstekt, ca. 10 minutter. Skjær pølsene i skiver.

6. I en middels bolle, sleng forsiktig kjøttbollene, pølseskivene, mozzarellaen og ertene med 2 kopper tomat-soppsaus og sett til side.

7. I en stor kjele blander du den gjenværende sausen med 4 kopper vann. Gi blandingen et oppkok. Tilsett risen og 1 ts salt. Gi

væsken tilbake til et oppkok og rør en eller to ganger. Dekk til og la det småkoke til risen er mør, ca 15 minutter.

8. Fjern kjelen fra varmen. La risen avkjøles litt. Tilsett parmesanost. Smak til med salt og pepper.

9. Smør innsiden av en dyp 2 1/2-liters form eller ildfast form. Dryss 4 ss brødsmuler på toppen. Legg omtrent to tredjedeler av risen i bakebollen, trykk den mot bunnen og sidene for å danne en "skorpe" av ris. Hell kjøttboller og pølseblanding i midten. Dekk med resten av risen og fordel jevnt. Dryss resten av smulene på toppen. (Hvis du ikke lager mat med en gang, dekk til timbalen og avkjøl.)

10 Ca 2 timer før servering setter du risten midt i ovnen. Forvarm ovnen til 350°F. Stek timbalen i 1 1/2 time eller til overflaten er lysebrun og blandingen varm i midten. (Nøyaktig koketid avhenger av størrelsen og formen på pannen. Bruk et øyeblikkelig avlest termometer for å sjekke temperaturen i midten. Den bør være minst 140°F.)

elleveHa kjølestativet klart. La timbalen avkjøles på rist i 10 minutter. Bruk en kniv eller metallspatel til å tre innsiden av pannen. Legg en stor Vadi på toppen av pannen. Hold cymbalen (med håndtaket) godt mot cymbalen og snu begge opp ned for å overføre pauken til cymbalen. Dryss over persille. Skjær i skiver til servering. Serveres varm.

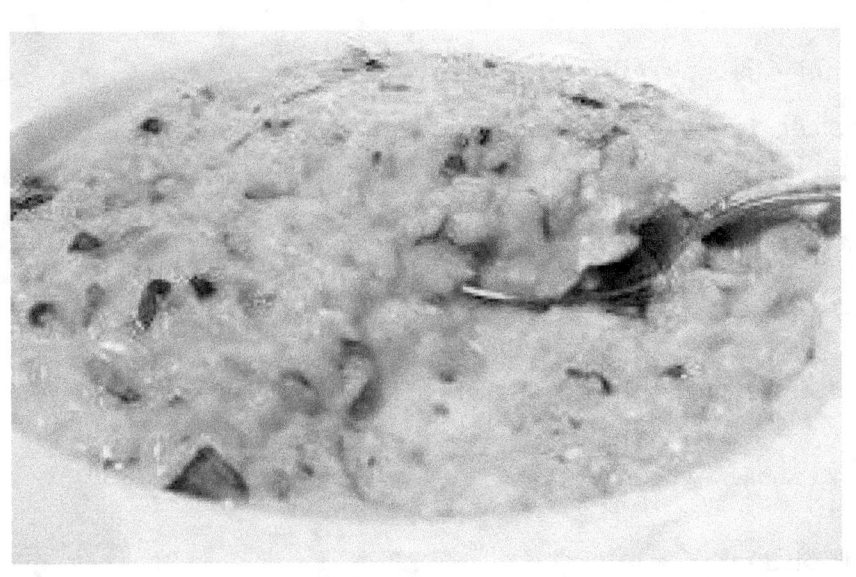

Ris og bønner i Veneto-stil

Riso og Fagioli alla Veneta

Gir 4 porsjoner

Om sommeren serveres ris og bønner varme, ikke varme. I Veneto-regionen er tranebærbønner, kjent på italiensk som borlotti, en favorittsort. Rå tranebærbønner er rosa i fargen med kremfargede markeringer. Når de er tilberedt, får de en solid rosa-beige farge. De ligner mye på pinto bønner, som kan erstattes hvis du vil.

Ca 2 kopper hjemmelaget Kjøttkraft eller butikkkjøpt oksebuljong

3 spiseskjeer olje

1 liten løk, hakket

1 middels gulrot, hakket

1 middels selleristilk, hakket

½ kopp finhakket bacon

2 kopper kokte tørkede tranebær eller pintobønner eller 1 (16 oz.) boks kidneybønner med væske

1 kopp mellomkornet ris som Arborio, Carnaroli eller Vialone Nano

Salt og nykvernet sort pepper

1. Tilbered buljong om nødvendig. Varm så opp oljen med løk, gulrot, selleri og bacon i en vid panne på middels varme. Kok, rør av og til, til grønnsakene er gyldenbrune, ca. 20 minutter.

2. Tilsett bønnene og 1 kopp kaldt vann. Kok opp og kok i 20 minutter.

3. Sett til side omtrent en tredjedel av bønneblandingen. Kjør resten i en foodprosessor eller kvern til den er jevn. Hell bønnepuréen og 1 kopp buljong i en stor, bred kjele. Kok opp på middels varme. Kok, rør av og til, i 5 minutter.

4. Tilsett risen i pannen og salt og pepper etter smak. Kok i 20 minutter, rør ofte for å forhindre at bønnene fester seg til bunnen av kjelen. Tilsett den resterende buljongen litt om gangen til risen er mør, men fortsatt fast. Tilsett den reserverte bønneblandingen og slå av varmen.

5. La stå i 5 minutter. Serveres varm.

Sardinsk pølse med ris

Riso a la Sarda

Gir 6 porsjoner

Denne tradisjonelle sardinske risretten er mer som en pilaf enn en risotto, så den krever ikke mye blanding.

ca 3 kopper<u>Kjøttkraft</u>

1 middels løk, hakket

2 ss hakket fersk bladpersille

2 ss olivenolje

12 oz vanlig italiensk svinepølse, tarm fjernet

1 kopp skrellede, frødede og hakkede tomater

Salt og nykvernet sort pepper

1 1/2 kopper mellomkornet ris, som Arborio, Carnaroli eller Vialone Nano

1/2 kopp nyrevet Pecorino Romano eller Parmigiano-Reggiano

1. Tilbered buljong om nødvendig. Kok så løk og persille i oljen i en vid kjele på middels varme til løken har blitt myk, ca 5 minutter.

Tilsett pølsekjøttet og stek, rør ofte, til pølsen er lysebrun, ca 15 minutter.

2. Bland inn tomatene og salt og pepper etter smak. Tilsett buljongen og kok opp. Bland med risen. Dekk til og kok i 10 minutter. Sjekk om blandingen er for tørr. Tilsett buljong eller vann om nødvendig. Dekk til og kok i ytterligere 8 minutter eller til risen er kokt.

3. Fjern pannen fra varmen. Tilsett ost. Server umiddelbart.

Polenta

Gir 4 porsjoner

Den tradisjonelle måten å lage polenta på er å sakte helle tørket maismel i et tynt bånd gjennom fingrene på den ene hånden i kokende vann mens du hele tiden rører med den andre hånden. Du trenger mye tålmodighet for å få dette riktig; går du for fort, vil maismelet klumpe seg. Samtidig vil hånden brenne når du holder den over den kokende væsken.

Jeg foretrekker den følgende metoden for tilberedning av polenta fordi den er rask og idiotsikker. Best av alt, jeg prøvde denne metoden sammen med den tradisjonelle metoden, og jeg kan ikke se forskjell på sluttresultatet. Siden maismelet først blandes med kaldt vann, danner det ikke klumper, noe som lett kan skje hvis det tørre melet helles direkte i varmt vann.

Husk å bruke en tykkbunnet gryte, ellers kan polentaen brenne seg. Du kan også plassere gryten på en Flametamer-plate, en metallplate som sitter over komfyrtoppbrenneren og tilfører isolasjon til gryten for varmestyring. (Se etter det i kokekarbutikker.)

Du kan variere basispolentaen ved å koke den med buljong eller bruke melk i stedet for vann. Tilsett eventuelt revet ost på slutten av koketiden.

4 kopper kaldt vann

1 kopp grovmalt gult maismel, gjerne steinkvernet

2 ts salt

2 ss usaltet smør

1. I en 2-liters kjele, kok opp 3 kopper vann.

2. I mellomtiden, i en liten bolle, visp sammen maismel, salt og gjenværende kopp vann.

3. Hell blandingen i det kokende vannet og kok under omrøring til blandingen koker opp. Reduser varmen, dekk til og kok, rør av og til, til polentaen er tykk og kremet, ca. 30 minutter. Blir polentaen for tykk, bland inn litt mer vann.

4. Bland smøret. Server umiddelbart.

polenta med krem

Polenta under Panna

Gir 4 porsjoner

En kald vinterdag i Milano stoppet jeg for å spise lunsj på en livlig trattoria. Menyen var begrenset, men denne enkle og trøstende retten var dagens spesielle. Hvis du har fersk svart eller hvit trøffel, gni den over mascarponen og fjern osten.

Varm opp serveringsbollen eller tallerkenen ved å sette den i en varm (ikke varm!) ovn i noen minutter eller ved å renne varmt vann i vasken. Tørk bollen eller tallerkenen før du tilsetter mat.

1 oppskrift (ca. 5 kopper) varm<u>Polenta</u>

1 kopp mascarpone eller tung krem

Et stykke Parmigiano-Reggiano

1. Tilbered polentaen om nødvendig. Hell deretter den varme kokte polentaen på en varm serveringsfat.

2. Hell mascarpone på toppen eller hell fløte på toppen. Riv Parmigiano med en roterende grønnsaksskreller. Server umiddelbart.

polenta med ragu

Polenta med ragu

Gir 4 porsjoner

Tidligere hadde mange familier i Nord-Italia en spesiell paiologryte i kobber der de kokte polenta og et rundt bord å servere den på. Dette er deilig komfortmat og ganske enkelt hvis du lager ragu og polenta på forhånd.

1 oppskrift (ca. 3 kopper)<u>bolognesisk ragu</u>

1 oppskrift (ca. 5 kopper) varm<u>Polenta</u>

½ kopp nyrevet Parmigiano-Reggiano

1. Tilbered eventuelt ragu og polenta.

2. Hell polentaen på en varm plate. Lag en grunn fordypning i polentaen. Hell sausen på toppen. Dryss over ost og server umiddelbart.

Polenta Crostini, Three Ways

Sprø polentaskiver kan brukes i stedet for brød<u>crostini</u>). Server dem med et smakfullt fyll (se forslag nedenfor) som forrett, som garnityr til gryteretter, eller som base for grillet eller stekt fjærfe.

1 oppskrift (ca. 5 kopper) varm<u>Polenta</u>

1. Forbered polentaen. Så snart polentaen er kokt, bruk en gummispatel til å spre den ca. 1/2 tomme tykk på et stort bakepapir. Dekk til og avkjøl til den er fast, minst 1 time og opptil 3 dager før bruk.

2. Når du er klar til å bake, skjær polentaen i firkanter eller andre former ved hjelp av en kniv eller kake- eller kakeutstikker. Bitene kan bakes, stekes i pannen, grilles eller stekes i pannen.

Bakt polenta crostini: Forvarm ovnen til 400°F. Smør en bakeplate med olje og legg polentaskivene på plateformen med ca 1/2 tommes mellomrom. Smør hettene med olje. Stek i 30 minutter eller til de er sprø og lett gylden.

Grillet eller bakt polenta crostini: Plasser grillen eller stekestativet omtrent 4 tommer fra varmekilden. Forvarm grillen eller grillen. Pensle polentaskiver på begge sider med olivenolje.

Legg bitene på rist. Grill eller grill, snu en gang, til den er sprø og gyldenbrun, ca. 5 minutter. Snu bitene og stek på den andre siden i ytterligere 5 minutter.

Bakt polenta crostini: Pensle et tynt lag mais eller olivenolje veldig lett på en nonstick-gryte. Varm opp pannen over middels varme. Tørk polentabitene. Stek dem til de er gyldne, ca 5 minutter. Snu stykkene og stek til de er brune på den andre siden, ca 5 minutter til.

polentasmørbrød

polenta panini

Gir 8 porsjoner

Disse små snacksene kan serveres som forrett eller som tilbehør. Skjær polentaen med kake- eller kjekskuttere.

1 oppskrift (ca. 5 kopper)<u>Polenta</u>, laget uten smør

4 gram tynne skiver gorgonzola

2 ss smeltet usaltet smør

2 ss Parmigiano Reggiano

1. Forbered polentaen. Så snart polentaen er kokt, bruk en gummispatel til å spre den ca. 1/2 tomme tykk på et stort bakepapir. Dekk til og avkjøl til den er fast, minst 1 time og opptil 3 dager før bruk.

2. Sett risten midt i ovnen. Forvarm ovnen til 400°F. Smør en stor stekeplate.

3. Skjær polentaen i 16 firkanter. Legg halvparten av polentaskivene på et bakepapir. Legg gorgonzolaskivene på

toppen. Dryss gjenværende polenta på toppen og press lett inn i smørbrød.

4. Smør overflaten med smør. Dryss parmesanost på toppen. Stek i 10-15 minutter eller til osten er smeltet. Serveres varm.

polenta med tre oster

Polenta med Tre Formaggi

Gir 4 porsjoner

Valle d'Aosta er en region helt nordvest i Italia. Den er kjent for sitt alpine klima og vakre skisteder, samt meieriprodukter som Fontina Valle d'Aosta, en halvfast kumelksost.

Melken gir rikdom til denne polentaen. Smør står som æreost.

2 kopper kaldt vann

1 kopp grovmalt gult maismel, gjerne steinkvernet

1 ts salt

2 kopper kald melk

½ kopp Fontina Valle d'Aosta, hakket

¼ kopp nyrevet Parmigiano-Reggiano

2 ss usaltet smør

1. Varm opp vannet til et oppkok i en 2-liters tykk gryte.

2. Bland maismel, salt og melk i en liten bolle.

3. Hell maismelblandingen i det kokende vannet og kok under omrøring til blandingen koker opp. Reduser varmen til lav, dekk til og kok, rør av og til, i omtrent 30 minutter eller til polentaen er tykk og kremet. Blir polentaen for tykk, bland inn litt mer vann.

4. Fjern pannen fra varmen. Tilsett oster og smør til det er smeltet. Server umiddelbart.

Polenta med Gorgonzola og Mascarpone

Gir 4-6 porsjoner

Himmelsk og rik, denne oppskriften er fra Lombardia, hvor gorgonzola og mascarpone lages.

4 kopper kaldt vann

1 kopp grovmalt gult maismel, gjerne steinkvernet

½ ts salt

½ kopp mascarpone

½ kopp gorgonzola, smuldret

1. I en 2-liters kjele, kok opp 3 kopper vann.

2. I en liten bolle, visp sammen maismel, salt og resterende 1 kopp vann.

3. Hell maismelblandingen i det kokende vannet og kok under konstant omrøring til blandingen koker. Senk varmen, dekk til og kok, rør av og til, i omtrent 30 minutter eller til polentaen er tykk og kremet. Blir polentaen for tykk, bland inn litt mer vann.

4. Fjern polenta fra varmen. Bland mascarponen og halvparten av gorgonzolaen. Hell over i en serveringsbolle og topp med gjenværende gorgonzola. Serveres varm.

Sopp Polenta

polenta med sopp

Gir 6 porsjoner

Pancettaen tilfører fyldig smak, men la den stå hvis du foretrekker en rett uten kjøtt. Rester kan skjæres i skiver og stekes i en liten mengde olivenolje eller smør som forrett eller pynt.

2 gram bacon, finhakket

1 liten løk, hakket

2 ss olivenolje

1 pakke (10 gram) hvit sopp, hakket og skivet

2 ss hakket fersk bladpersille

Salt og nykvernet sort pepper

4 kopper kaldt vann

1 kopp grovmalt gult maismel, gjerne steinkvernet

1. Kombiner pancetta, løk og olje i en stor panne og stek til pancettaen og løken er lett brunet, ca. 10 minutter. Tilsett sopp

og persille og kok til væsken i soppen har fordampet, ca 10 minutter til. Smak til med salt og pepper.

2. I en 2-liters kjele, kok opp 3 kopper vann.

3. I en liten bolle, visp sammen maismel, 1/2 ts salt og de resterende 1 kopp kaldt vann.

4. Hell maismelblandingen i det kokende vannet og kok under konstant omrøring til det koker. Reduser varmen til veldig lav, dekk til og kok, rør av og til, til polentaen er tykk og kremet, ca. 30 minutter. Hvis polentaen blir for tykk, tilsett mer vann.

5. Bland innholdet i gryten inn i gryten med polenta. Hell blandingen over på en varm plate. Server umiddelbart.

Bokhvete og maismel polenta

polenta tarragna

Gir 4-6 porsjoner

I Lombardia er denne solide polentaen laget av en kombinasjon av maismel og bokhvetemel. Bokhvete gir en jordaktig smak. En lokal ost kjent som bitto blandes inn på slutten av koketiden. Jeg har aldri sett bitto i USA, men Fontina og Gruyère er gode substitutter.

5 kopper kaldt vann

4 ss usaltet smør

1 kopp grovmalt gult maismel, gjerne steinkvernet

1/2 kopper bokhvetemel

Salt

4 gram fontina eller Gruyère

1. I en 2-liters kjele, kok opp 4 kopper vann og 2 ss smør.

2. I en middels bolle, visp sammen maismel, bokhvetemel, 1/2 ts salt og de resterende 1 kopp vannet.

3. Bland maismelblandingen i det kokende vannet. Reduser varmen til veldig lav. Dekk til og kok, rør av og til, i ca 40 minutter eller til polentaen er tykk og kremet. Hvis den er for tykk, tilsett litt vann om nødvendig.

4. Fjern polenta fra varmen. Bland de resterende 2 ss smør og ost. Server umiddelbart.

stekt polenta med ost

Polenta Cunsa

Gir 8 porsjoner

Sett sammen opptil 24 timer før tilberedning, men om det blir kaldt, doble koketiden. Prøv også Gruyère eller Asiago.

5 kopper kaldt vann

1 kopp grovmalt gult maismel, gjerne steinkvernet

1 ts salt

3 ss usaltet smør

1 middels løk, hakket

1 kopp nyrevet Parmigiano-Reggiano

½ kopp smuldret gorgonzola

½ kopp revet Fontina Valle d'Aosta

1. I en 2-liters kjele, kok opp 4 kopper vann. I en bolle blander du maismel, salt og den resterende 1 koppen med vann.

2. Hell blandingen i det kokende vannet og kok under konstant omrøring til blandingen koker. Reduser varmen til lav, dekk til og kok, rør av og til, i omtrent 30 minutter eller til polentaen er tykk og kremet. Blir polentaen for tykk, bland inn litt mer vann.

3. I en liten panne smelter du 2 ss smør på middels varme. Tilsett løken og stek under omrøring til løken er mør og gyllenbrun, ca 10 minutter. Skrap løken inn i polentaen.

4. Sett risten midt i ovnen. Forvarm ovnen til 375°F. Smør en 9 × 3-tommers ildfast form.

5. Hell omtrent en tredjedel av polentaen i pannen. Reserver 1/4 kopp Parmigiano til fyllet. Fordel halvparten av hver gjenværende ost over polentalagene i langpannen. Lag et nytt lag med polenta og ost. Hell resten av polentaen på toppen og fordel jevnt.

6. Dryss den reserverte 1/4 koppen Parmigiano over polentaen. Pensle med resten av smøret. Stek i 30 minutter eller til boblende rundt kantene. La stå 10 minutter før servering.

Stekt polenta med pølseragout

polenta pasticciato

Gir 6 porsjoner

Dette er litt som en lasagne, med lag av polenta i skiver som erstatter pastaen.

Navnet polenta pasticciato er spennende. Det kommer fra pasticciare, som betyr å skitne til noe, men pasticciato refererer også til en rett laget som pasta med ost og ragù.

   1 oppskrift<u>ragu pølse</u>

8 kopper kaldt vann

2 kopper grovmalt gult maismel, gjerne steinkvernet

1 spiseskje salt

8 gram fersk mozzarella

½ kopp nyrevet Parmigiano-Reggiano

1. Forbered ragù om nødvendig. I en stor gryte, kok opp 6 kopper vann.

2. I en middels bolle kombinerer du maismel, salt og resterende 2 kopper vann.

3. Hell maismelblandingen i det kokende vannet under konstant omrøring til blandingen koker opp. Reduser varmen til lav, dekk til og kok, rør av og til, i omtrent 30 minutter eller til polentaen er tykk og kremet.

4. Smør en stor stekeplate. Hell polentaen i pannen og fordel den jevnt med en gummispatel til den er 1/2 tomme tykk. La avkjøle til det er fast, ca. 1 time, eller dekk til og avkjøl over natten.

5. Sett risten midt i ovnen. Forvarm ovnen til 400°F. Smør en 9-tommers firkantet ildfast form.

6. Skjær polenta i 9 3-tommers firkanter. Legg halvparten av polentaen i bunnen av formen. Hell halvparten av sausen på toppen og halvparten av mozzarellaen og Parmigiano-Reggiano på toppen. Lag et nytt lag med de resterende ingrediensene.

7. Stek i 40 minutter eller til polentaen er boblende og osten har smeltet. La hvile i 10 minutter før servering.

Polenta i "kjeder"

Polenta incatenata

Gir 6 porsjoner

En gang leide mannen min og jeg en leilighet i en villa i utkanten av Lucca, i Toscana. Carlotta var en blid husholderske som tok seg av stedet og fikk alt til å gå på skinner. Noen ganger overrasket han oss med et hjemmelaget måltid. Han fortalte meg at denne solide polentaen, en lokal spesialitet, sies å være "strengt" med bånd av oppkuttede grønnsaker. Server vegetarisk eller som garnityr til grillet kjøtt. Den er også veldig god hvis den får avkjøles til den er stivnet, deretter skjæres den i skiver og stekes til den er gyldenbrun.

2 ss olivenolje

1 fedd hvitløk, finhakket

2 kopper strimlet kål eller grønnkål

4 kopper kaldt vann

1 kopp grovmalt gult maismel, gjerne steinkvernet

1 1/2 ts salt

2 kopper kokte eller hermetiske cannellinibønner

Salt og nykvernet sort pepper

½ kopp nyrevet Parmigiano-Reggiano

1. I en stor kjele steker du olje og hvitløk på middels varme til hvitløken er gyllenbrun, ca 2 minutter. Tilsett kål, dekk til og kok i 10 minutter eller til kålen mykner.

2. Tilsett 3 kopper vann og kok opp.

3. I en liten bolle, visp sammen maismel, salt og resterende 1 kopp vann.

4. Hell maismelblandingen i kjelen. Kok, rør ofte, til blandingen koker. Reduser varmen, dekk til og kok, rør av og til, i 20 minutter.

5. Tilsett bønnene. Kok i ytterligere 10 minutter eller til den er tykk og kremet. Tilsett litt vann hvis blandingen blir for tykk.

6. Holdes unna varme. Tilsett ost og server umiddelbart.

farro salat

Farro Hall

Gir 6 porsjoner

I Abruzzo spiste mannen min og jeg farrosalater ved flere anledninger, inkludert denne med sprø grønt og forfriskende mynte.

Salt

1 1/2 kopp farro

1 kopp hakket gulrot

1 kopp hakket selleri

2 ss finhakket fersk mynte

2 grønne løk, hakket

1/3 kopp olivenolje

1 ss fersk sitronsaft

ferskkvernet sort pepper

1. Kok opp 6 kopper vann. Tilsett salt etter smak, deretter farroen. Reduser varmen til et småkok og kok til farro er mør, men fortsatt seig, ca. 15 til 30 minutter. (Koketiden kan variere; start etterhevingen etter 15 minutter.) Tøm godt.

2. I en stor bolle kombinerer du farro, gulrøtter, selleri og mynte. Kombiner olivenolje, sitronsaft og pepper i en liten bolle. Hell dressingen over salaten og bland godt. Test og juster krydderet. Serveres varm eller i romtemperatur.

Farro, Amatrice Style

Farro all´Amatriciana

Gir 8 porsjoner

Farro brukes ofte i supper eller salater, men i denne oppskriften fra den romerske landsbygden kokes kornet sammen med den klassiske Amatriciana-sausen som vanligvis brukes på pasta.

Salt

2 kopper farro

¼ kopp olivenolje

4 gram bacon, hakket

1 middels løk

½ kopp tørr hvitvin

1 1/2 kopper skrellede, frødede og kuttede friske tomater eller hermetiske tomater, drenert og skåret i terninger

½ kopp nyrevet Pecorino Romano

1. Kok opp 6 kopper vann. Tilsett salt etter smak, deretter farroen. Reduser varmen til et småkok og kok til farro er mør, men

fortsatt seig, 15 til 30 minutter. (Koketiden kan variere; start etterhevingen etter 15 minutter.) Tøm godt.

2. Kok olje, pancetta og løk over middels høy varme, rør ofte, til løken er gyldenbrun, ca. 10 minutter. Tilsett vinen og kok opp. Tilsett tomater og farro. Kok opp og kok til farroen har absorbert noe av sausen, ca 10 minutter. Tilsett eventuelt litt vann for å unngå å sette seg fast.

3. Holdes unna varme. Tilsett ost og bland godt. Server umiddelbart.

Farro, tomater og ost

Korn, Pomodori og Cacio

Gir 6 porsjoner

Hvetebær, emmer, kamu eller andre lignende korn kan tilberedes på denne måten hvis du ikke finner farro. Ikke tilsett for mye salt i bønnene, da kan ricottasalaten være salt. Hvis ikke tilgjengelig, bytt ut Pecorino Romano. Denne oppskriften er fra Puglia i sør.

Salt

1 1/2 kopp farro

2 ss olivenolje

1 liten løk, hakket

8 gram hakkede tomater

4 gram ricottasalat, grovt strimlet

1. Kok opp 6 kopper vann. Tilsett salt etter smak, deretter farroen. Reduser varmen til et småkok og kok til farro er mør, 15 til 30 minutter. (Koketiden kan variere; start etterhevingen etter 15 minutter.) Tøm godt.

2. Hell oljen i en middels kjele. Tilsett løken og stek, rør ofte, til løken er gyllenbrun, ca. 10 minutter. Tilsett tomater og salt etter smak. Kok til litt tyknet, ca 10 minutter.

3. Bland den avrente farroen inn i tomatsausen. Tilsett ost og bland godt. Serveres varm.

Reker og bygg Orzotto

Orzotto av Gamberi

Gir 4 porsjoner

Selv om de fleste i USA tenker på orzo som en liten, frøformet pasta, betyr orzo "bygg" på italiensk. I det nordlige Friuli-Venezia Giulia brukes bygg til å lage risotto, og den ferdige retten kalles orzotto.

3 kopper<u>Kyllingsuppe</u>, grønnsaksbuljong eller vann

2 ss usaltet smør

1 ss olivenolje

1 liten løk, hakket

1 liten gulrot, hakket

½ kopp hakket selleri

1 finhakket hvitløksfedd

6 oz (2/3 kopp) bygg, skylt og drenert

Salt og nykvernet sort pepper

8 gram reker, skrellet og rå

2 ss hakket fersk bladpersille

1. Tilbered buljong om nødvendig. Smelt smøret med oljen i en middels kjele på middels varme. Tilsett løk, gulrot, selleri og hvitløk og stek til de er gylne, ca. 10 minutter.

2. Tilsett byggen til grønnsakene i pannen og bland godt. Tilsett buljong, 1 ts salt og pepper etter smak. Kok opp og reduser varmen. Dekk til og kok, rør av og til, i 30-40 minutter eller til bygg er mørt. Tilsett litt vann hvis blandingen tørker ut.

3. Hakk imens rekene og bland med persillen inn i byggblandingen. Kok til rekene er rosa, 2-3 minutter. Test og juster krydderet. Server umiddelbart.

Bygg og grønnsaksorzotto

Vegetabilsk Orzotto

Gir 4 porsjoner

Til denne orzotto tilberedes små grønnsaker med bygg. Server som garnityr eller som førsterett.

4 kopper Kjøttkraften ten Kyllingsuppe

4 ss usaltet smør

1 liten løk, hakket

1 kopp bygg, skylt og drenert

½ kopp frosne eller ferske erter

½ kopp hakket sopp, alle slag

¼ kopp hakket rød paprika

¼ kopp hakket selleri

Salt og nykvernet sort pepper

¼ kopp nyrevet Parmigiano-Reggiano

1. Tilbered buljong om nødvendig. I en stor kjele smelter du 3 ss smør på middels varme. Tilsett løk og stek, rør ofte, til den er gyldenbrun, ca 10 minutter.

2. Tilsett bygg og bland godt. Tilsett halvparten av ertene, sopp, paprika og selleri og stek i 2 minutter eller til de er myke. Tilsett buljongen og kok opp. Dekk til og kok i 20 minutter.

3. Bland med resten av grønnsakene og salt og pepper etter smak. Kok uten lokk i 10 minutter eller til væsken har fordampet og bygg er mørt. Holdes unna varme.

4. Tilsett den resterende spiseskjeen med smør og ost. Server umiddelbart.

skinke og egg

Oova al skinke

Gir 2 porsjoner

Vennen min jeg reiste med i Italia var på proteinrik diett. Han hadde for vane å bestille en tallerken prosciutto til frokost. På et lite vertshus i Montepulciano i Toscana spurte verten om han ville ha egg med prosciutto. Vennen min sa ja, og forventet å få et par kokte egg. I stedet, øyeblikk senere, kom kokken ut med en spesialtilpasset stekepanne fylt med sydende skinke og eggerøre. Det så og luktet så godt at snart alle i spisesalen bestilte det samme, til stor forferdelse for den gretten kokken.

Dette er den perfekte måten å bruke opp prosciutto som har tørket ut litt rundt kantene. Server egg med prosciutto til brunsj med smurt asparges og ristede tomater.

1 ss usaltet smør

4–6 tynne skiver importert italiensk prosciutto

4 store egg

Salt og nykvernet sort pepper

1. Smelt smøret i en 9-tommers nonstick-gryte over middels varme.

2. Ordne skivene av prosciutto i pannen, overlappende litt. Knekk eggene i kruset ett om gangen, og skyv dem deretter over prosciuttoen. Dryss salt og pepper på toppen.

3. Dekk til og kok på lav varme til eggene har fått smak, ca 2-3 minutter. Serveres varm.

Stekt asparges med egg

Milanesisk asparges

Gir 2-4 porsjoner

En reporter spurte meg en gang hva jeg spiser til middag når jeg lager mat til meg selv. Uten å tenke svarte jeg asparges med egg og parmigiano, det italienerne kaller Milanese. Dette er så bra, men så enkelt. Det er min idé om komfortmat.

1 kilo asparges

Salt

3 ss usaltet smør

ferskkvernet sort pepper

½ kopp nyrevet Parmigiano-Reggiano

4 store egg

1. Skjær bunnen av aspargesen der stilken går fra hvit til grønn. Kok opp ca 2 tommer vann i en stor kjele. Tilsett asparges og salt etter smak. Kok til aspargesen dobles litt når du løfter den fra stilken, ca 4 til 8 minutter. Steketiden avhenger av tykkelsen på

aspargesen. Bruk en tang og overfør aspargesen til et dørslag. Tørk av og tørk.

2. Sett risten midt i ovnen. Forvarm ovnen til 450°F. Smør en stor ildfast form.

3. Plasser aspargesene i bakebollen side ved side, litt overlappende. Topp med 1 ss smør og dryss over pepper og ost.

4. Stek i 15 minutter eller til osten er smeltet og gyllen.

5. I en stor nonstick-gryte, smelt de resterende 2 ss smør over middels varme. Når smørskummet har lagt seg, knekker du et egg i en kopp, og skyver det deretter forsiktig inn i pannen. Gjenta med andre egg. Dryss over salt og kok til eggene har fått smak, ca 2-3 minutter.

6. Fordel aspargesen mellom platene. Legg eggene på toppen. Hell pannesaften på toppen og server varm.

Egg i skjærsilden

Oova i Skjærsilden

Gir 4 porsjoner

Da jeg var liten, var fredagsmiddagen hjemme hos oss alltid et måltid uten kjøtt. Måltidene våre var basert på napolitansk mat. Middagen besto vanligvis av pasta e fagioli (pasta og bønner), tunfisksalat, eller disse deilige eggene tilberedt i en krydret tomatsaus, derav det sjarmerende navnet Eggs in Purgatory. Dette er den perfekte retten når du ikke har så mye i pantryet og vil ha noe varmt og raskt. Sprøbrød er et nødvendig tilbehør.

2 ss olivenolje

¼ kopp hakket løk

2 kopper hermetiske skrellede tomater, hakket

4 friske basilikumblader revet i biter eller en klype tørket oregano

klype knust rød pepper (peperoncino)

Salt

8 store egg

1. Hell oljen i en middels stekepanne. Tilsett løken og stek på middels varme under omrøring til den er myk og gylden, ca. 10 minutter. Tilsett tomater, basilikum, paprika og salt etter smak. Kok opp og kok i 15 minutter eller til den tykner.

2. Knekk et egg i en liten kopp. Lag et hakk i tomatsausen med en skje. Skyv egget inn i sausen. Fortsett med de resterende eggene.

3. Dekk til pannen og kok til eggene har fått smak, 2-3 minutter. Serveres varm.

Egg i tomatsaus i Marches-stil

Oova i Brodetto

Gir 2 porsjoner

Min onkel Joe, hvis familie var fra Marche-regionen på østkysten av Italia, hadde en spesiell måte å koke egg i tomatsaus på. Oppskriften hans, selv om den ligner Egg i skjærsilden, inneholder et snev av eddik for en krydret smak.

1 liten løk, finhakket

1 ss fersk persille, veldig finhakket

2 ss olivenolje

1 1/2 kopper skrellede, frødede og kuttede friske tomater eller hermetiske tomater, drenert og skåret i terninger

1-2 ss hvit eddik

Salt og nykvernet sort pepper

4 store egg

1. Kombiner løk, persille og olje i en 9-tommers nonstick-gryte og kok over middels varme, rør av og til, til løken er mør og gyllen, ca. 10 minutter.

2. Bland tomater, eddik, salt og pepper etter smak. Kok i 10 minutter eller til sausen har tyknet.

3. Knekk et egg i en liten kopp. Lag en fordypning i sausen med en skje. Slipp forsiktig ned i egget. Gjenta med andre egg. Dryss salt og pepper på toppen. Dekk til og kok til eggene har fått smak, 2-3 minutter. Serveres varm.

Piemonte stil egg

Uova al Cirighet

Gir 4 porsjoner

Mange piemontesiske retter er krydret med hvitløk og syltet ansjos. Her får egg denne krydrede og salte behandlingen.

4 ss olivenolje

4 ansjosfileter, avrent og hakket

2 ss hakket fersk bladpersille

2 ss kapers, skyllet og avrent

2 fedd hvitløk, finhakket

2 hakkede salvieblader

En klype knust rød pepper

1 ss rødvinseddik

1-2 ts fersk sitronsaft

2 ss usaltet smør

8 store egg

Salt

1. I en middels stekepanne kombinerer du olje, ansjos, persille, kapers, hvitløk, salvie og knust rød pepper. Kok over middels varme, rør ofte, til ansjosene har løst seg opp, 4 til 5 minutter. Bland eddik og sitronsaft. Kok i ytterligere 1 minutt.

2. Smelt smøret i en stor stekepanne på middels varme. Når smørskummet avtar, skyver du eggene forsiktig inn i pannen. Dryss salt på toppen og stek i 2-3 minutter eller til eggene har koagulert etter din smak.

3. Hell sausen over eggene. Server umiddelbart.

firenze egg

Uova under Fiorentina

Gir 4 porsjoner

Florentinske egg lages ofte i USA med smør og en rik hollandaisesaus. Dette er versjonen jeg hadde i Firenze. Spinaten kokes med hvitløk og olivenolje i stedet for smør, og litt parmesanost er nok på toppen av eggene. Det er en mye lettere forberedelse, perfekt for en uformell brunsj.

3 kilo spinat, uten harde stilker

Salt

2 ss olivenolje

1 fedd hvitløk, finhakket

ferskkvernet sort pepper

8 egg

2 ss nyrevet Parmigiano-Reggiano

1. Vask spinaten godt med flere bytter kaldt vann. Ha spinat, 1/2 kopp vann og en klype salt i en stor kjele. Dekk til kjelen og skru

varmen til middels. Kok i 5 minutter eller til spinaten er myk og mør. Tøm spinat og klem ut overflødig vann.

2. Hell oljen i en stor panne. Tilsett hvitløken og stek til den er gylden, ca 2 minutter.

3. Bland inn spinat og salt og pepper etter smak. Kok, rør av og til, til den er gjennomvarmet, ca. 2 minutter.

4. Knekk et egg i en liten kopp. Lag et fordypning i spinaten med en skje. Skyv egget inn i hullet. Gjenta med andre egg.

5. Dryss eggene med salt, pepper og ost. Dekk til pannen og stek i 2-3 minutter eller til eggene har koagulert etter din smak. Serveres varm.

Stekt egg med poteter og ost

Oova al Forno

Gir 4 porsjoner

Napolitansk komfortmat er den beste måten å beskrive denne lagdelte potet-, ost- og eggretten som min mor pleide å lage til meg da jeg var liten.

1 kilo universalpoteter, Yukon gulltype

Salt

1 ss usaltet smør

8 oz fersk mozzarella, i skiver

4 store egg

ferskkvernet sort pepper

2 ss Parmigiano Reggiano

1. Skrell og skrell potetene. Skjær dem i 1/4-tommers tykke skiver. Legg potetene i en middels gryte med kaldt vann og salt etter smak. Dekk til og kok opp. Kok til potetene er møre når de er

gjennomhullet med en gaffel, ca 10 minutter. Tøm potetene og avkjøl litt.

2.Sett risten midt i ovnen. Forvarm ovnen til 400°F. Smør bunnen og sidene av 9-tommers firkantet bakebolle. Legg potetskivene i pannen, overlappende litt. Legg osteskivene oppå potetene. Knekk eggene i en liten kopp, og skyv dem deretter i pannen over osten. Dryss salt, pepper og revet Parmigiano-Reggiano på toppen.

3.Stek til eggene har fått smak, ca 15 minutter. Serveres varm.

paprika og egg

Pepperoni og egget

Gir 4 porsjoner

Stekt paprika eller poteter ferdig med eggerøre er ypperlig til brunsj med grillpølse, eller server fylt med biter av crusty italiensk brød til klassiske heltesmørbrød.

¼ kopp olivenolje

2 mellomstore røde paprika, kuttet i små biter

1 middels grønn paprika, kuttet i små biter

1 liten løk, i tynne skiver

Salt

8 store egg

¼ kopp nyrevet Parmigiano-Reggiano

ferskkvernet sort pepper

1. Varm olje i en 9-tommers nonstick-gryte over middels varme. Tilsett paprika, løk og salt etter smak. Kok, rør ofte, til paprikaene er gyldenbrune, ca. 20 minutter. Dekk til og stek i ytterligere 5 minutter eller til paprikaen er veldig myk.

2. I en middels bolle, pisk eggene med osten og tilsett salt og malt pepper etter smak. Hell eggene over paprikaene og la dem stå en stund. Vend paprika og egg med en slikkepott eller skje slik at de rå eggene kommer til overflaten av pannen. La eggene hvile og bland igjen. Gjenta røring og koking til eggene har fått smak, ca 2-3 minutter. Serveres varm.

poteter og egg

Sparke med Uuova

Gir 4 porsjoner

Eggerøre er en klassisk kombinasjon i hele Sør-Italia. Om ønskelig kan du steke en liten, tynne skiver paprika eller løk, eller begge deler, med potetene. Server med pølse til brunsj eller fyll poteter og egg på italiensk brød til en heltesmørbrød.

¼ kopp olivenolje

4 nye voksaktige poteter, skrelt og kuttet i 1/4-tommers skiver

Salt

8 store egg

ferskkvernet sort pepper

1. Varm olje i en 9-tommers nonstick-gryte over middels varme. Tørk potetskivene og legg dem i pannen. Kok, snu bitene ofte, til potetene er gyldenbrune og møre, ca. 10 minutter. Dryss salt på toppen.

2. Pisk eggene i en middels bolle med salt og pepper etter smak. Hell eggene i pannen og la dem stå en stund. Vend potetene og eggene med en slikkepott eller skje slik at de rå eggene kommer til overflaten av pannen. La eggene hvile og bland igjen. Gjenta røring og koking til eggene har fått smak, ca 2-3 minutter. Serveres varm.

Blanding av sopp og egg

oova med sopp

Gir 4 porsjoner

Eggerøre med sopp passer til en lett middag eller brunsj. Hvit sopp er fint, men villsopp gir en jordaktig smak.

3 ss usaltet smør

1 liten løk, hakket

2 kopper oppskåret sopp

Salt og nykvernet sort pepper

8 store egg

1. Smelt smøret over middels varme i en 9-tommers nonstick-gryte. Tilsett løk, sopp og salt og pepper etter smak. Kok, rør av og til, til soppen er lysebrun, ca. 10 minutter.

2. Pisk eggene i en middels bolle med salt og pepper etter smak. Hell eggene over grønnsakene og la dem stå en stund. Vend sopp og egg med en slikkepott eller skje slik at de rå eggene kommer til overflaten av pannen. La eggene hvile og bland igjen. Gjenta

røring og koking til eggene har fått smak, ca 2-3 minutter. Serveres varm.

Løk og rucola frittata

Frittata di Cipolle og Rughetta

Gir 4 porsjoner

En dag kom en gammel venn av min mor fra Palermo på Sicilia på besøk til meg. Vi kjente henne som Zia Milli, selv om hun ikke var tante. Han tilbød seg å lage en salat til måltidet vårt og spurte om jeg hadde mild løk som rød eller hvit. Han hadde bare gul løk, som jeg vanligvis bruker til matlaging, men han sa at det ville være greit. Han kuttet løken i tynne skiver og bløtla den flere ganger i kaldt vann, som ble kvitt eventuelle sterke safter. Da vi var klare til å spise salaten, var løken like søt som enhver mildere variant. Jeg bruker ofte denne metoden når jeg ønsker en mild løksmak.

Denne Puglia frittataen er smaksatt med løk og rucola. Bytt ut brønnkarse eller spinatblader hvis du ikke har ruccola.

2 mellomstore løk, i tynne skiver

3 ss olivenolje

1 stor haug med ruccola, seige stilker fjernet, kuttet i små biter (ca. 2 kopper)

8 store egg

¼ kopp nyrevet Parmigiano-Reggiano

Salt og nykvernet sort pepper

1. Legg løkene i en bolle med kaldt vann for å dekke dem. La stå i 1 time, bytt vannet en eller to ganger, til løken smaker søtt. Tørk av og tørk.

2. Hell oljen i en 9-tommers nonstick-gryte. Tilsett løkene. Stek på middels varme, rør av og til, til løken er myk og gylden, ca. 10 minutter. Kast ruccolaen til den er myk, ca 1 minutt.

3. 3 I en middels bolle, pisk egg, ost og salt og pepper etter smak. Hell eggene over grønnsakene i gryten og skru ned varmen. Dekk til og kok til eggene er stivnet, men fortsatt fuktige i midten og frittataen er lett brunet på bunnen, ca. 5 til 10 minutter.

4. Bruk en slikkepott til å skyve frittataen over på platen. Vend kjelen over på en tallerken og snu raskt både tallerkenen og pannen slik at frittataen kommer tilbake i pannen med den stekte siden opp. Kok til stivnet i midten, ca 5 minutter til. Eller hvis du ikke vil snu den, skyv pannen under broileren i 3 til 5 minutter eller til eggene er ferdige etter smak.

5.Hell frittataen på et serveringsfat og skjær i skiver. Serveres varm eller i romtemperatur.

Zucchini og Basilikum Frittata

zucchini frittata

Gir 4 porsjoner

Moren min dyrket zucchini i vår lille bakgård i Brooklyn. På høyden av sesongen vokste de så fort at vi nesten ikke kunne bruke dem raskt nok. Det var da mamma laget denne enkle frittataen som vi spiste med en frisk tomatsalat. Den hjemmelagde zucchinien, ikke større enn en pølse, var myk og smakfull, med små frø og tynne skall.

3 ss olivenolje

2-3 små zucchini (ca. 1 pund), skrelles og skiver

8 store egg

¼ kopp nyrevet Parmigiano-Reggiano

6 friske basilikumblader, stablet og kuttet i tynne strimler

Salt og nykvernet sort pepper

1. Varm olje i en 9-tommers nonstick-gryte over middels varme. Tilsett squash og kok bitene, vend av og til, til squashen er godt brunet, ca. 12 minutter.

2. I en stor bolle, pisk egg, ost, basilikum og salt og pepper etter smak. Senk varmen til middels. Hell blandingen over zucchinien. Løft kantene på frittataen mens den sitter for å la det rå egget heve til overflaten av pannen. Kok til eggene er stivnet, men fortsatt fuktige i midten og frittataen er lett brunet på bunnen, ca. 5 til 10 minutter.

3. Skyv frittataen over på en tallerken, og vend deretter pannen inn på tallerkenen. Vend raskt både tallerkenen og pannen slik at frittataen steker rett opp. Kok til stivnet i midten, ca 5 minutter til. Eller hvis du ikke vil snu den, skyv pannen under broileren i 3 til 5 minutter eller til den er ferdig etter din smak. Serveres varm eller i romtemperatur.

4. Hell frittataen på et serveringsfat og skjær i skiver. Serveres varm eller avkjølt og serveres kald.

Kentucky Frittata

Frittata med Cento Erbe

Gir 4 porsjoner

Selv om jeg vanligvis bare bruker fem eller seks urter i denne Friuli-Venezia Giulia frittataen, antyder navnet at mulighetene er mye større, og du kan bruke alle friske urter du har tilgjengelig. Frisk persille er viktig, men hvis de eneste andre urtene du har for hånden er tørket, bruk bare en klype, ellers vil smakene dine bli overveldende.

8 store egg

¼ kopp nyrevet Parmigiano-Reggiano

2 ss hakket fersk persille

2 ss hakket fersk basilikum

1 ss hakket fersk gressløk

1 ts hakket fersk estragon

1 ts hakket fersk timian

Salt og nykvernet sort pepper

2 ss olivenolje

1. I en stor bolle, pisk egg, ost, urter og salt og pepper etter smak til det er godt kombinert.

2. Varm olje i en 9-tommers nonstick-gryte over middels varme. Hell eggeblandingen i kjelen. Løft kantene på frittataen mens den sitter for å la det rå egget heve til overflaten av pannen. Kok til eggene er stivnet, men fortsatt fuktige i midten og frittataen er lett brunet på bunnen, ca. 5 til 10 minutter.

3. Skyv frittataen over på en tallerken, og vend deretter pannen inn på tallerkenen. Vend raskt både tallerkenen og pannen slik at frittataen steker rett opp. Kok til stivnet i midten, ca 5 minutter til. Eller hvis du ikke vil snu den, skyv pannen under broileren i 3 til 5 minutter eller til den er ferdig etter din smak. Serveres varm eller i romtemperatur.

spinatfrittata

spinatfrittata

Gir 4 porsjoner

Spinat, escarole, Chard eller andre grønnsaker kan brukes i denne frittataen. Server med stekt sopp og skivede tomater.

1 kilo hakket fersk spinat

¼ kopp vann

Salt

8 store egg

¼ kopp tung krem

½ kopp nyrevet Parmigiano-Reggiano

2 ss usaltet smør

1. Ha spinat, vann og salt etter smak i en stor kjele. Dekk til og kok på middels varme til de er møre og tørre, ca 5 minutter. Tøm godt. La det avkjøles litt. Legg spinaten på et kjøkkenhåndkle og klem ut væsken.

2. I en stor bolle, pisk egg, fløte, ost og salt og pepper etter smak. Tilsett spinat.

3. Smelt smøret over middels varme i en 9-tommers nonstick-gryte. Hell blandingen i pannen. Løft kantene på frittataen mens den sitter for å la det rå egget heve til overflaten av pannen. Kok til eggene er stivnet, men fortsatt fuktige i midten og frittataen er lett brunet på bunnen, ca. 5 til 10 minutter.

4. Skyv frittataen over på en tallerken, og vend deretter pannen inn på tallerkenen. Vend raskt både tallerkenen og pannen slik at frittataen steker rett opp. Kok til middels, ca 5 minutter til. Eller hvis du ikke vil snu den, skyv pannen under broileren i 3 til 5 minutter eller til den er frossen etter smak. Serveres varm eller i romtemperatur.

Sopp og Fontina Frittata

Sopp og Fontina Frittata

Gir 4 porsjoner

Autentisk Fontina Valle d'Aosta har en treaktig sopparoma og passer godt til enhver sopprett. Bruk vill sopp hvis du foretrekker dem fremfor hvite.

3 ss usaltet smør

8 gram sopp, halvert eller delt i kvarte hvis stor

Salt og nykvernet sort pepper

8 store egg

2 ss hakket fersk bladpersille

4 oz Fontina Valle d'Aosta, i skiver

1. **Smelt smøret over middels varme i en 9-tommers nonstick-gryte. Tilsett sopp og salt og pepper etter smak. Kok, rør ofte, til soppen er lysebrun, ca. 10 minutter.

2. **I en stor bolle, pisk eggene med persille og salt og pepper etter smak. Senk varmen til middels. Hell blandingen over soppen.

Løft kantene på frittataen mens den sitter for å la det rå egget heve til overflaten av pannen. Dekk til og kok til eggene er stivnet, men fortsatt fuktige i midten og frittataen er lett brunet på bunnen, ca. 5 til 10 minutter.

3. Legg osteskivene på toppen. Skyv pannen under broiler og stek i 1-3 minutter eller til osten er smeltet og eggene er kokt etter smak. Eller, hvis du foretrekker det, dekk til pannen og stek i 3-5 minutter til osten er smeltet og eggene er stivnet.

4. Skyv frittataen over på et serveringsfat. Serveres varm.

Napolitansk Spaghetti Frittata

spaghetti frittata

Gir 6 porsjoner

For noen år siden, på en familiesammenkomst, måtte en fjern slektning snakke om favorittoppskriften sin. Hun beskrev en flat, gylden skorpe fylt med kjøtt og oster som barna hennes ba om hele tiden. Jeg skrev ned instruksjonene dine og prøvde det hjemme. Det smakte så godt som han sa, og jeg har siden lært at det er en tradisjonell napolitansk oppskrift. Selv om spaghetti kan lages kun til denne retten, er den tradisjonelt laget av rester.

8 store egg

½ kopp nyrevet Parmigiano-Reggiano eller Pecorino Romano

Salt og nykvernet sort pepper

12 gram spaghetti eller annen pasta, kokt og drenert

4 unser skivet salami, importert italiensk prosciutto eller tynne skiver skinke

2 ss olivenolje

8 gram mozzarella, skåret i tynne skiver

1. I en stor bolle, pisk egg, ost og salt og pepper etter smak. Tilsett spaghetti og salami.

2. Varm olje i en 9-tommers nonstick-gryte over middels varme. Tilsett halvparten av spaghettiblandingen. Topp med osteskiver. Hell resten av pastablandingen over osten.

3. Reduser varmen til lav. Kok spaghettien, flat overflaten fra tid til annen slik at pastaen henger sammen og danner en kake. Etter ca 5 minutter skyver du en slikkepott rundt kanten av formen og løfter kaken forsiktig for å være sikker på at den ikke fester seg. Kok til eggene er stivnet og frittataen er lett brunet på bunnen, ca 15-20 minutter.

4. Skyv frittataen over på en tallerken, og vend deretter pannen inn på tallerkenen. Vend raskt både tallerkenen og pannen slik at frittataen steker rett opp. Kok til stivnet i midten, ca 5 minutter til. Eller hvis du ikke vil snu den, skyv pannen under broileren i 3 til 5 minutter eller til den er frossen etter smak. Serveres varm eller i romtemperatur.

Pasta Frittata

pasta frittata

Gir 4 porsjoner

Eventuelle rester av pasta kan resirkuleres til denne deilige frittataen. Uansett om pastaen er vanlig eller i saus med tomater, kjøttsaus eller grønnsaker, blir denne frittataen alltid kjempegod. Improviser ved å tilsette hakkede pølser, skinke, ost eller noen hakkede kokte grønnsaker. Beløpene er egentlig ikke viktige.

6 store egg

½ kopp nyrevet Parmigiano-Reggiano

Salt og nykvernet sort pepper

8 gram kokt pasta, med eller uten saus

2 ss olivenolje

1. I en stor bolle, pisk egg, ost og salt og pepper etter smak. Tilsett den kokte pastaen.

2. Varm olje i en 9-tommers nonstick-gryte over middels varme. Tilsett pastablandingen og puls til den er jevn. Stek til eggene er

stivnet, men fortsatt fuktige i midten og frittataen er lett brunet på bunnen, ca. 10 minutter.

3. Skyv frittataen over på en tallerken, og vend deretter pannen inn på tallerkenen. Vend raskt både tallerkenen og pannen slik at frittataen steker rett opp. Kok til stivnet i midten, ca 5 minutter til. Eller hvis du ikke vil snu den, skyv pannen under broileren i 3 til 5 minutter eller til den er frossen etter smak. Serveres varm eller i romtemperatur.

små tortillas

frittatina

Gir 6 porsjoner

I likhet med pannekaker er minigrillede tortillas gode å servere som en del av et antipasto-sortiment eller som fyll til en sandwich. Denne versjonen av purre og kål er fra Piemonte.

Ca 1/4 kopp olivenolje

3 kopper finstrimlet kål

1 middels purre, kuttet og i tynne skiver

6 store egg

1/2 kopp nyrevet Parmigiano-Reggiano

1/2 ts salt

ferskkvernet sort pepper

1. Varm 3 ss olje i en 9-tommers nonstick-gryte over middels varme. Bland kål og purre. Dekk til pannen og kok, rør av og til, til kålen er veldig mør, ca. 30 minutter. La det avkjøles.

2. I en middels bolle, pisk egg, ost og salt og pepper etter smak. Tilsett grønnsaksblandingen.

3. Pensle lett en takke eller stor stekepanne med olje. Varm opp over middels varme.

4. Rør inn eggeblandingen og hell 1/4 kopp på takke, og la tortillaene være ca. 4 tommer fra hverandre. Flat ut litt med baksiden av en skje. Kok til eggene er stivnet og tortillaene akkurat begynner å bli brune på bunnen, ca. 2 minutter. Vend tortillaene med en pannekakevender og stek den andre siden i ca 1 minutt til. Ha tortillaene over på en tallerken.

5. Kok resten av tortillaene på samme måte. Serveres varm eller i romtemperatur.

Ricotta blomst og zucchini frittata

Frittata di Fiori og ricotta

Gir 4 porsjoner

Zucchini-blomster er ikke bare vakre, men også deilige å spise, dette vet italienerne godt. Mine lokale bønder hadde rikelig squashblomstring på en lørdag. Jeg kjøpte litt til å fylle og bake, men jeg hadde fortsatt mye til overs, så jeg lagde denne frittataen med de resterende blomstene. Det var delikat og deilig; Jeg har laget den til brunsj flere ganger siden.

Den kan også lages med vanlig ricotta hvis du ikke har zucchinibuketter.

2 ss usaltet smør

6 zucchini eller andre squashblomster, skyllet og tørket

6 store sammenpiskede egg

¼ kopp nyrevet Parmigiano-Reggiano

Salt og nykvernet pepper

1 kopp ricotta

1. Smelt smøret over middels varme i en 9-tommers nonstick-gryte. Legg zucchiniblomstene i pannen i henhold til hjulet.

2. I en middels bolle, pisk eggene, parmesanosten og salt og pepper etter smak. Hell blandingen forsiktig over blomstene uten å forstyrre dem. Ha skjeer med ricotta i pannen. Løft kantene på frittataen mens den sitter for å la det rå egget heve til overflaten av pannen. Kok til eggene er stivnet, men fortsatt fuktige i midten og frittataen er lett brunet på bunnen, ca. 5 til 10 minutter.

3. Skyv frittataen over på en tallerken, og vend deretter pannen inn på tallerkenen. Vend raskt både tallerkenen og pannen slik at frittataen steker rett opp. Kok til stivnet i midten, ca 5 minutter til. Eller hvis du ikke vil snu den, skyv pannen under broileren i 3 til 5 minutter eller til eggene er ferdige etter smak. Serveres varm eller i romtemperatur.

Eggstrimler i tomatsaus

Fettuccine di Frittata

Gir 4 porsjoner

Ingen pasta? Ikke noe problem. Lag en tynn frittata og skjær den i strimler som ser ut som fettuccine. Selv om denne retten er kjent i hele Italia som fettuccine di frittata, kalles den i Roma trippe finte, som betyr falsk innmat, fordi eggestrimlene minner om innvoller når de tilberedes på denne måten. Server den til lunsj eller middag med sesongens grønne grønnsaker eller grønn salat.

2 kopper fersk tomatsaus enten toskansk tomatsaus

8 store egg

¼ kopp nyrevet Parmigiano-Reggiano, pluss mer til servering

1 ss hakket fersk bladpersille

1 ts salt

ferskkvernet sort pepper

2 ss usaltet smør

1. Tilbered eventuelt tomatsausen. Sett så risten midt i ovnen. Forvarm ovnen til 400°F. Smør sjenerøst en 13 x 9 x 2-tommers bakebolle.

2. I en middels bolle, visp sammen egg, 1/4 kopp ost, persille, salt og pepper etter smak. Hell eggeblandingen i den forberedte pannen. Stek i 8-10 minutter eller til eggene er stivnet og en kniv som er satt inn i midten kommer ren ut.

3. Kjør en kniv rundt kanten av pannen. Vend eggene over på et skjærebrett. Skjær tortilla i 1/2-tommers strimler.

4. I en 9-tommers nonstick-gryte, varm sausen over lav varme til den koker. Ha eggestrimlene i sausen. Kok, rør forsiktig, i 2-3 minutter. Serveres varm med revet ost.

Havabbor med olivensmuler

branzino bass oliven

Gir 4 porsjoner

Oliventrær vokser i overflod i hele Toscana. De fleste oliven presses for olje, men kokker har fortsatt mange smakfulle oliven til rådighet. Her krydres havabborfileter med spredte smuler.

¾ kopp tørre brødsmuler, gjerne hjemmelaget

⅓ kopp finhakkede myke svarte oliven

1 fedd hvitløk, finhakket

1 ss hakket fersk bladpersille

1 ts revet sitronskall

Salt

ferskkvernet sort pepper

Ca 1/4 kopp olivenolje

1 1/2 kilo havabbor eller annen fast hvit fiskefilet, uten skinn

1. Sett risten midt i ovnen. Forvarm ovnen til 450°F. Smør en stor ildfast form.

2. I en bolle legger vi brødsmuler, oliven, hvitløk, persille, sitronskall, en klype salt og sort pepper etter smak. Tilsett olivenolje og bland godt.

3. Legg fisken i et enkelt lag i pannen. Ha smulene på toppen av filetene.

4. Stek i 8-10 minutter, avhengig av tykkelsen på fisken, eller til smulene er gyllenbrune og fisken er akkurat ugjennomsiktig når den skjæres gjennom den tykkeste delen. Server umiddelbart.

havabbor med sopp

Branzino alla Romana

Gir 4 porsjoner

En smakfull fylling mellom to benfrie fiskefileter er en fin måte å få smaken av beinfri fylt fisk. Enhver stor fiskefilet kan brukes, for eksempel laks, grouper eller fet fisk. Velg to biffer av samme størrelse og form.

4 ss olivenolje

3 grønne løk, hakket

1 fedd hvitløk, finhakket

8 gram hvit sopp, kuttet og hakket

2 ansjosfileter, hakket

Salt og nykvernet sort pepper

½ kopp tørr hvitvin

2 ss hakket fersk bladpersille

2 ss vanlige brødsmuler

2 like store havabbor, havabbor eller oljeholdige fileter (ca. 3/4 lb. hver), hud fjernet

1. Sett risten midt i ovnen. Forvarm ovnen til 400°F. Olje en bakebolle som er stor nok til de stablede filetene.

2. Hell 3 ss olje i en stor panne. Tilsett grønn løk og hvitløk og stek på middels varme til den er myk, ca 5 minutter. Bland sopp, ansjos og salt og pepper etter smak. Kok i 5 minutter, rør av og til. Tilsett vinen og kok i 15 minutter eller til væsken har fordampet. Fjern fra varmen og tilsett persille og brødsmuler.

3. Legg fileten med skinnsiden ned i pannen.

4. Fordel omtrent to tredjedeler av soppblandingen over fileten i langpannen. Dryss en annen filet på toppen, med skinnsiden ned, og fordel resten av soppblandingen på toppen. Drypp med den resterende spiseskjeen olje.

5. Stek i 15-20 minutter, avhengig av tykkelse, eller til fisken er akkurat ugjennomsiktig når den skjæres gjennom den tykkeste delen. Serveres varm.

Tungefileter med oliven og tomatpuré

Rombe med olivenpasta

Gir 4 porsjoner

En stor krukke med sort olivenpasta og modne tomater fra Italia inspirerte meg til å lage denne smakfulle oppskriften.

1½ kilo piggvar, havabbor eller annen tykk filet av hvit fisk

2 ss sort olivenpasta eller veldig finhakkede milde sorte oliven

2 mellomstore tomater, i terninger

6 friske basilikumblader, rullet og kuttet på tvers i tynne strimler

1. Sett risten midt i ovnen. Forvarm ovnen til 450°F. Smør en ildfast form som er stor nok til å holde filetene i ett lag.

2. Legg filetene i et enkelt lag i gryten. Smør filetene med olivenpasta. Dryss tomater og basilikum over fisken.

3. Stek i 8-10 minutter, avhengig av tykkelse, til fisken er akkurat ugjennomsiktig når den skjæres gjennom den tykkeste delen. Server umiddelbart.

stekt torsk

Merluzzo alla Griglia

Gir 4 porsjoner

Red snapper, grouper og mahi-mahi er andre gode alternativer for denne grunnleggende fiskeyngelen. jeg klarer det<u>Potetmos med oliven og persille</u>og<u>Brokkoli med olje og sitron</u>.

11/2 kilo fersk torskelom

3 ss olivenolje

2 ss rødvinseddik

2 finhakkede hvitløksfedd

1 ts tørket oregano, knust

Salt og nykvernet sort pepper

2 ss hakket fersk bladpersille

1 sitron skåret i skiver

1. Forvarm broiler på høy. Smør en ildfast form som er stor nok til å passe fisken i ett lag. Legg fisken i pannen.

2. Bland olje, eddik, hvitløk, oregano og salt og pepper etter smak. Hell blandingen over fiskefiletene. Dryss over halvparten av persillen.

3. Stek fisken i 8-10 minutter, avhengig av tykkelse, eller til den er akkurat ugjennomsiktig når den kuttes i den tykkeste delen. Dryss resten av persillen på toppen. Serveres varm, med sitronbåter.

Fisk i "galt vann"

Fisk i Acqua Pazza

Gir 4 porsjoner

Det er ikke klart hvorfor denne napolitanske måten å tilberede fisk på kalles agua loca, men det er sannsynligvis en referanse til sjøvannet som fiskere en gang brukte til å koke fersk fangst. Selv om denne metoden vanligvis brukes til å tilberede hel fisk, synes jeg den fungerer bra med fileter også. Bruk en fast variant som holder formen når den kokes.

3 ss olivenolje

1 fedd hvitløk, i tynne skiver

4 plommetomater, halvert, frøsådd og hakket

1 ss hakket fersk bladpersille

En klype knust rød pepper

½ kopp vann

Tilsett salt etter eget ønske

2 lbs faste fiskefileter, som havabbor, piggvar eller snapper

1. Hell olivenolje i en stor panne. Tilsett hvitløken og stek på middels varme til den er gylden, ca 5 minutter. Tilsett tomater, persille, paprika, vann og salt etter smak. Kok opp og kok i 5 minutter.

2. Legg fisken i pannen og pensle med saus. Dekk til og stek i 5 til 10 minutter, eller til fisken er ugjennomsiktig når den skjæres gjennom den tykkeste delen. Serveres varm.

Blå fisk med sitron og mynte

Azzurro fisk med limone

Gir 4 porsjoner

På grunn av deres høyere fettinnhold enn andre varianter, har mørk kjøttfisk som blåfinnet tunfisk en sterkere smak. Syditalienerne tilbereder dem i en velsmakende og forfriskende marinade med hvitløk, mynte og sitron.

2 store hvitløksfedd, finhakket

3 ss olivenolje

¼ kopp fersk sitronsaft

½ ts nyrevet sitronskall

Salt og nykvernet sort pepper etter smak

¼ kopp hakket fersk mynte

1 1/2 kilo fet fisk eller makrellfilet

1. I en grunne bolle, visp sammen hvitløk, olivenolje, sitronsaft, skall, salt og pepper. Tilsett mynten. Tilsett fisken, snu filetene

så de er dekket på alle sider. Dekk til og mariner i 1 time i kjøleskapet.

2. Forvarm kyllingen. Legg fisken i stekepannen med skinnsiden ned. Stek filetene en gang med marinaden i 8-10 minutter, avhengig av tykkelsen på fisken, eller til de er lett brune og akkurat gjennomsiktige i den tykkeste delen. Det er ikke nødvendig å snu fisken. Serveres varm.

Biff med marsala og sopp

Skalaloppbass Marsala

Gir 4 porsjoner

En engelsk vinhandler ved navn John Woodhouse var den første som produserte dagens Marsala-vin. I 1773 oppdaget Woodhouse, på jakt etter en måte å stabilisere sicilianske viner slik at de ville overleve den lange sjøreisen tilbake til Storbritannia, at han kunne tilsette alkohol til vin på samme måte som når han lagde portvin, sherry. og Madeira. Sterkvin var en stor suksess i Storbritannia. Selv om Marsala brukes mindre som drikke i dag, brukes den ofte i italiensk matlaging. Både tørre og søte Marsala-varianter er tilgjengelige. Tørr marsalas, spesielt lagret vergine og soleras, er viner av høy kvalitet og kan nytes som en aperitiff som sherry. Bruk tørr Marsala med salte retter som denne klassikeren

3 ss usaltet smør

2 ss olivenolje

12 gram sopp, alle typer, i tynne skiver

Salt og nykvernet sort pepper

½ kopp universalmel

1 kilo oksefilet i tynne skiver

¾ kopp tørr Marsala

1. I en stor panne smelter du 2 ss smør og 1 ss olje over middels varme. Tilsett sopp og salt og pepper etter smak. Kok, rør ofte, til soppen er mør og gyllenbrun, ca. 15 minutter. Ha soppen over på en tallerken.

2. Bland melet med vokspapir og salt og pepper etter smak. Tilsett den resterende spiseskjeen smør og olje i gryten. Når smøret har smeltet dypper du filetene raskt i melet og rister av overflødig. Legg halvparten av kalvekjøttstykkene i pannen og stek til de er brune på den ene siden, 3 til 4 minutter. Vend kalvekjøttet med en tang og stek til det er brunt, ca 3 minutter. Ha kjøttet over på et serveringsfat og hold det varmt. Gjenta med resten av kalvekjøttet.

3. Tilsett Marsala i pannen. Kok under omrøring med en tresleiv til sausen er lett sirupsaktig, ca. 2 minutter.

4. Ha kalvekjøttet og soppen tilbake i gryten. Kok, vend kalvekjøtt til å dekke med saus, til det er gjennomvarmet, ca. 1 minutt. Server umiddelbart.

Biffruller i hvitvin

Vitello Rollatini i hvitvin

Gir 4 porsjoner

I hele Italia er innpakning og fylling en vanlig måte å få mest mulig ut av en liten mengde kalvekjøtt. Saltet eller malt kjøtt, ost eller grønnsaker kan brukes som fyll. Denne oppskriften er populær på mange italienske restauranter i USA.

1 kilo oksefilet i tynne skiver

Salt og nykvernet sort pepper

4 veldig tynne skiver importert italiensk prosciutto, kuttet i to på tvers

2 ss revet Parmigiano-Reggiano

2 ts hakket fersk persille

2 ss usaltet smør

1 ss olivenolje

¼ kopp tørr hvitvin

¼ kopp kyllingbuljong

1. Dryss kalvekjøttet på begge sider med salt og pepper. Legg en skive prosciutto på toppen av hvert stykke kalvekjøtt. Topp med ost og deretter persille. Rull sammen kotelettene og fest dem med en tannpirker.

2. I en middels stekepanne smelter du 1 ss smør med oljen over middels varme. Legg til rundstykker og kok, snu bitene, til de er brune på alle sider, ca. 10 minutter. Overfør rundstykkene til en tallerken og hold dem varme.

3. Tilsett vinen og kyllingbuljongen i gryten og kok over høy varme, skrap kjelen, til væsken er lett sirupsaktig, ca. 2 minutter. Fjern fra varmen og tilsett de resterende 1 ss smør. Hell sausen over kalvekjøttet og server umiddelbart.

Biffruller med ansjos

Rollatini under napolitansk

Gir 4 porsjoner

Napolitanere bruker ansjos i kalvekjøttfyllingen for å gi en frisk smak til den milde smaken av kjøttet og mozzarellaen.

1 kilo tynne skiver oksefileter, kuttet i 8 biter

4 gram fersk mozzarellaost, kuttet i 8 (2-tommers) staver

8 ansjosfileter, avrent og tørket

ferskkvernet sort pepper

3 ss usaltet smør

½ kopp tørr hvitvin

2 ss hakket fersk bladpersille

1. Legg et stykke ost og en ansjos på kortenden av hvert kalvekjøtt. Dryss pepper på toppen. Rull sammen kalveskivene og fest dem med en tannpirker.

2. I en stor panne smelter du 2 ss smør over middels varme. Tilsett rundstykkene og stek til kalvekjøttet er stivt å ta på og gyllenbrunt, ca 10 minutter. Overfør rundstykkene til et serveringsfat og hold dem varme.

3. Øk varmen til høy og tilsett vinen i pannen. Kok, skrap ned pannen, til væsken har tyknet litt, ca. 2 minutter. Fjern fra varmen og tilsett de resterende 1 ss smør og persille. Hell sausen over kalvekjøttet og server umiddelbart.

Biffruller med spinat

Vitello Rollatini med Spinaci

Gir 4 porsjoner

Disse kalverullene kan du sette sammen lenge før du tilbereder dem. Oppbevar de tildekket i kjøleskapet frem til servering. Ikke bekymre deg hvis spinaten oser. Det gir farge til den kremete sausen.

8 gram fersk spinat

4 ss usaltet smør

¼ kopp veldig finhakket sjalottløk eller løk

En klype nyrevet muskatnøtt

Salt og nykvernet sort pepper

1 kilo oksefilet, skåret i 8 biter, i tynne skiver

4 skiver importert italiensk prosciutto, delt i to på tvers

½ kopp tørr hvitvin

½ kopp tung krem

1. Ha spinat i en stor kjele på middels varme med 1/4 kopp vann. Dekk til og kok i 2-3 minutter eller til den er tørr og mør. Tøm og avkjøl. Pakk spinaten inn i et lofritt klede og klem ut så mye vann som mulig. Finhakk spinaten.

2. I en stor stekepanne smelter du to spiseskjeer smør over middels varme. Tilsett sjalottløk eller løk og stek til den er veldig myk, ca 5 minutter. Bland inn spinat, muskat og salt og pepper etter smak. Holdes unna varme.

3. Legg kalvebitene på et flatt underlag. Dryss salt og pepper på toppen. Topp med spinat. Legg en halv skive prosciutto på hver. Rull sammen kotelettene fra den korte enden og fest dem med en tannpirker.

4. Smelt resten av smøret i en stor panne. Tilsett biffrullene og brun på alle sider i ca 10 minutter. Tilsett vinen og kok opp. Kok i 10 minutter, snu rundstykker av og til.

5. Tilsett fløten og bland godt. La det småkoke, snu rullene ofte, til sausen tykner og dekker ruller, 4 til 5 minutter. Fjern spisepinner før servering. Serveres varm.

Biffruller med prosciutto og ost

Spiedini di Vitello al Prosciutto

Gir 4 porsjoner

Anna Tasca Lanza driver en kokkeskole kalt The World of Regaleali på familiens gård og vingård i Vallelunga, Sicilia. Anna lærte meg et godt triks for å lage kalveruller og andre retter, slik at de ikke krøller seg sammen på spydene under steking eller grilling. I stedet for bare ett spyd, bruk to og hold spydene side ved side omtrent en tomme fra hverandre som tappene på en stor kjøttgaffel. Fordel rundstykkene på begge spydene samtidig. Dette holder bitene godt på plass og gjør dem lettere å snu.

1 kilo tynne skiver oksefileter, kuttet i 8 biter

Salt og nykvernet sort pepper

4 tynne skiver importert italiensk prosciutto, kuttet i to på tvers

4 gram fontina eller mozzarella, kuttet i 8 (2-tommers) pinner

Ca 12 store friske salvieblader

2 ss ekstra virgin olivenolje

1. Legg kalvebitene på et flatt underlag. Dryss lett over nykvernet pepper.

2. Legg et stykke prosciutto på toppen av hver kalvefilet og kutt etter behov. Legg et stykke ost i hver ende. Rull kotelettene opp fra den korte enden og skyv de rensede rullene inn mot kantene.

3. Plasser grillen eller stekestativet omtrent 5 tommer fra varmekilden. Forvarm grillen eller grillen. Hold to metallspyd ved siden av hverandre, omtrent 1 tomme fra hverandre, som tappene på en stor kjøttgaffel. Vend rundstykkene på spydene med salviebladene, begynn og slutt med bladene.

4. Smør rullene med olivenolje. Grill eller stek til kjøttet er lett brunet, ca 5 minutter på hver side. Serveres varm.

Grillede biffboller med mozzarella og brødsmuler

Spiedini av Vitello alla Mamma

Gir 6 porsjoner

Til sommerens grillfester laget min mor store partier av disse biffrullene på løpende bånd. Først spredte han kjøttskivene og deretter på toppen av hvert stykke en skje med hjemmelaget smult, ofte brukt i napolitansk matlaging. Deretter følger søsteren min og jeg resten av ingrediensene til fyllet. Innpakket og på spyd kan kjøttet tilberedes og avkjøles i flere timer før tilberedning. Mens jeg fortsatt liker å lage disse rundstykkene, kutter jeg ut smøret for å få plass til moderne smaker.

1 1/2 pund tynne skiver indrefilet av okse, kuttet i 12 biter

Salt og nykvernet sort pepper

8 gram fersk mozzarellaost, kuttet i 12 staver (1/2 tykk)

3 ss hakket fersk bladpersille

2 fedd hvitløk, finhakket

3/4 kopp vanlige brødsmuler

3 ss olivenolje

1. Legg kalvekjøttet på et flatt underlag. Dryss bitene med salt og pepper. Legg et stykke ost i den ene enden av hver oksefilet. Dryss persille og hvitløk på toppen. Rull sammen kalvekjøttet fra den korte enden.

2. Plasser grillen eller stekestativet omtrent 5 tommer fra varmekilden. Forvarm grillen eller grillen. Hold to metall- eller bambusspyd ved siden av hverandre, omtrent 1 tomme fra hverandre. Skyv en av rundstykkene på spydene som tindene til en stor kjøttgaffel. Tre resten av rundstykkene på spydene på samme måte.

3. I en liten bolle blander du brødsmulene med salt og nykvernet pepper. Smør rullene med olivenolje og dryss smulene på toppen ved å klappe dem.

4. Grill eller stek spydene, vend én gang, til kjøttet føles fast når det presses og osten er litt smeltet, ca. 10 minutter. Serveres varm.

Stekte kalvekoteletter

Lombatine i Padella

Gir 4 porsjoner

En gang i tiden kom det beste storfekjøttet fra svært unge kalver som bare fikk morsmelk. I dag blir de fleste dyr matet med formel og oppdratt i binger som begrenser bevegelsen deres. Resultatet er blekt hvitt kjøtt som er veldig mørt og ganske magert. Valgfrie kutt, som kotelett eller ribbekotelett, kan være dyrt. For best resultat bør de kokes forsiktig til de er middels kokte og rosa i midten; ellers blir de seige og smakløse.

Denne oppskriften og de som følger er to grunnleggende måter å tilberede kalvekoteletter i ovnen, brukt i hele Italia.

4 indrefileter av storfe, ca 1-tommers tykke

Salt og nykvernet sort pepper

2 ss usaltet smør

1 ss olivenolje

8 store friske salvieblader, kuttet i biter

1. Tørk koteletter med tørkepapir. Dryss begge sider av kotelettene med salt og pepper.

2. Smelt smøret og oljen over middels høy varme i en panne som er stor nok til å holde kotelettene i et enkelt lag. Legg koteletter i pannen. Dryss salvie rundt kotelettene. Stek i 3 minutter på den andre siden eller til de er godt brune. Vend kjøttet med en tang og stek den andre siden til den er rosa i midten, ca. 2 minutter til. Server umiddelbart.

Kalvekoteletter med rosmarin og hvitvin

Lambatine di Vitello i hvitvin

Gir 4 porsjoner

Et lett lag med mel før tilberedning hjelper disse kotelettene til å brune pent. Melet gjør også sausen litt tykkere i pannen. Disse kotelettene passer til mange varianter.

2 ss olivenolje

4 indrefileter av storfe, ca 1-tommers tykke

½ kopp universalmel

2-tommers kvist rosmarin

Salt og nykvernet sort pepper

½ kopp tørr hvitvin

1 ss usaltet smør

1. Varm oljen over middels høy varme i en stekepanne som er stor nok til å holde kotelettene i ett lag. Rull kotelettene raskt i mel og rist av overflødig. Ha kotelettene i pannen med rosmarinen. Stek i 3 minutter på den andre siden eller til de er godt brune.

Vend kjøttet med en tang og stek på den andre siden i ca 2 minutter til eller til midten er så vidt rosa. Ha kotelettene over på en tallerken og dryss over salt og pepper.

2.Hell i oljen. Tilsett vinen i pannen og kok opp, skrap bunnen av kjelen for å fjerne brune biter til væsken har redusert og tyknet litt. Ta av varmen og tilsett smøret.

3.Ha koteletter og eventuell oppsamlet juice tilbake i gryten. La småkoke i 1 minutt for å varmes opp. Ha kotelettene over på en tallerken og server varm.

Variasjon: Bruk salvie eller timian i stedet for rosmarin. Tilsett et lett knust hvitløksfedd i pannen. Eller prøv å bytte ut hvitvinen med tørr Marsala.

stekte kalvekoteletter

Lombatine al Forno

Gir 4 porsjoner

Tykke koteletter fungerer godt for denne metoden, som er en kombinasjon av komfyrtopp og steking i ovn. Ikke overkok kotelettene, da tørker de ut.

¼ kopp olivenolje

4 kalvekoteletter, ca 2 tommer tykke

Salt og nykvernet sort pepper

1 ss usaltet smør

3 fedd hvitløk, finhakket

2 kvister fersk rosmarin

6 friske salvieblader

½ kopp tørr hvitvin

1 kopp biff- eller kyllingbuljong

1. Sett risten midt i ovnen. Forvarm ovnen til 400°F.

2. Tørk koteletter med tørkepapir. Varm olje over middels varme i en ildfast panne som er stor nok til å holde koteletter i et enkelt lag. Dryss begge sider av kotelettene med salt og pepper. Legg kotelettene i pannen og stek til de er godt brune, ca 4 minutter. Vend kjøttet med en tang og stek den andre siden i ytterligere 3-4 minutter.

3. Flytt pannen til midterste rille i ovnen og stek til middels stekt, ca. 10 minutter. Sjekk at det er gjort ved å kutte en skive på det tykkeste punktet nær benet. Kjøttet skal kun være rosa. Legg kotelettene på en tallerken. Dekk til og hold varmt.

4. Hell oljen fra pannen. Sett pannen på middels varme. Tilsett smør, hvitløk, rosmarin og salvie. Kok i 1 minutt, skrap opp. Tilsett vinen og kok opp. Kok i 1 minutt. Tilsett buljong og kok til væsken reduseres og tykner litt, ca. 3 minutter. Smak til med salt og pepper. Sil sausen over kotelettene. Serveres varm.

T-bone steak med paprika

Vitello med Pepperoni

Gir 4 porsjoner

Dette er et enkelt kveldsmåltid som kan modifiseres på mange måter. Prøv å tilsette litt ansjos med hvitløken hvis du liker det.

4 ss olivenolje

3-4 store røde eller gule paprika, stilker, kjerner og tynne skiver

2 fedd hvitløk, finhakket

8 friske salvieblader

Salt og nykvernet sort pepper etter smak

4 indrefileter eller ribbe, ca 1-tommers tykk

½ kopp tørr hvitvin

1. Varm 3 ss olje over middels varme i en stekepanne som er stor nok til å holde kotelettene i et enkelt lag. Tilsett paprika og kok, rør av og til, i 5 minutter. Tilsett hvitløk, salvie, salt og pepper og stek til paprikaene er myke og lysebrune, ca. 10 minutter til. Ha paprikaene over på en tallerken og tørk av pannen.

2. Varm opp de resterende 1 ss olje over middels varme. Tørk kotelettene og strø salt og pepper på begge sider. Tilsett kalvekjøttet i pannen og stek til det er godt brunet, 4-5 minutter. Vend kotelettene med en tang og stek til de er gyldenbrune, ca 4 minutter. Fjern overflødig fett med en skje.

3. Tilsett vinen og kok opp. Dekk til og stek til kotelettene er tilberedt etter smak, ca. 2 minutter til middels. Sjekk at det er gjort ved å kutte en skive på det tykkeste punktet nær benet. Kjøttet skal kun være rosa. Ha kotelettene over på et serveringsfat. Dekk til og hold varmt.

4. Øk varmen og reduser væsken i kjelen til den tykner litt, ca. 2 minutter. Tilsett paprika og stek i 1 minutt eller til de er gjennomvarme.

5. Hell paprikaen over kalvekjøttet og server varmt.

Kalvekoteletter fylt med skinke og fontina

Costolette nedenfor Valdosta

Gir 4 porsjoner

En ribbekotelett er det beste valget for denne oppskriften fordi beinet er på utsiden og det er lett å skjære et snitt i kjøttet for fylling.

½ kopp universalmel

2 store egg, pisket

Salt og nykvernet sort pepper

1 kopp tørre brødsmuler

4 biff ribber, ca 1-tommers tykk

4 skiver kokt skinke

2 oz Fontina Valle d'Aosta, kuttet i 4 stykker

4 ss usaltet smør

1. Fordel melet på vokspapiret. Pisk eggene i en dyp bolle med salt og pepper etter smak og legg ved siden av vokspapiret. Legg

brødsmulene på en lav tallerken og legg den ved siden av eggene slik at de tre ingrediensene er på linje.

2. Plasser kjølestativet på toppen av brettet. Legg koteletter på et skjærebrett. Skjær fett fra kantene på kotelettene. Hold den skarpe kniven parallelt med skjærebrettet og lag et lommelignende snitt i hver kotelett. Legg et stykke skinke og ost på hver kotelett. Tørr koteletter. Dypp kotelettene i melet, deretter eggene, deretter brødsmulene, klapp for å dekke kotelettene helt. Legg kotelettene på en rist for å tørke i 15 minutter.

3. Smelt smøret over middels varme i en panne som er stor nok til å holde kotelettene i et enkelt lag. Tilsett kotelettene og stek til den er gylden og sprø, ca 5 minutter. Vend kotelettene med en tang og stek på den andre siden, ca 4 minutter. Sjekk at det er gjort ved å kutte en skive på det tykkeste punktet nær benet. Kjøttet skal kun være rosa. Server umiddelbart.

Kalvekotelett, Milano-stil

Milanese costolette

Gir 4 porsjoner

Mens Milanese ofte lages med kalvekoteletter her i landet, lages det i Milano med finmalte kalvekoteletter. Belegget på disse kotelettene er bare egg og brødsmuler, og den resulterende skorpen er tynnere og mer delikat enn oppskriften krever. Disse kotelettene serveres ofte med hakket tomatsalat.

4 biff ribbe, ca 3/4-tommers tykk

1 kopp tørre brødsmuler, gjerne hjemmelaget

2 store egg

1 ts salt

4 ss usaltet smør

1 sitron skåret i skiver

1. Skjær fett fra kantene på kotelettene. Legg koteletter mellom to stykker plastfolie. Slå kjøttet forsiktig til det er 1/4-tommers tykt.

2. Fordel brødsmulene på vokspapiret. I en dyp tallerken, pisk eggene med saltet og legg det ved siden av vokspapiret. Dypp kotelettene i eggeblandingen og deretter i brødsmulene, klapp slik at kotelettene er helt dekket. Legg kotelettene på en rist for å tørke i 10 minutter.

3. Smelt smøret over middels varme i en panne som er stor nok til å holde kotelettene i et enkelt lag. Når smørskummet forsvinner, tilsett kotelettene og stek til de er gyldenbrune og sprø, 3 til 4 minutter. Vend kotelettene med en tang og stek den andre siden i ca 3 minutter.

4. Serveres varm med sitronbåter.

stuet kalvekoteletter

Rustin Nega

Gir 4 porsjoner

Milano kan være kaldt og vått om vinteren, så solide retter av stekt kjøtt er populære hjemmelagede retter. Disse stekte kotelettene er et typisk måltid på en kjølig dag. Server dem med potetmos.

¼ kopp universalmel

Salt og nykvernet sort pepper

2 ss usaltet smør

1 middels løk, hakket

1 gulrot, finhakket

2 ss hakket bacon

2 hakkede salvieblader

1 2-tommers kvist rosmarin

4 biff skulder koteletter, ca 1-tommers tykke, trimmet

½ kopp tørr hvitvin

½ kopp kyllingbuljong

1. Bland melet med vokspapir og salt og pepper etter smak.

2. Smelt smøret over middels varme i en panne som er stor nok til å holde alle kotelettene i ett lag. Tørr koteletter. Dypp koteletter i mel og rist av overflødig. Tilsett kotelettene i pannen og brun dem i ca 3 minutter. Vend kotelettene med en tang og stek på den andre siden, ca 2 minutter.

3. Dryss løk, gulrot, bacon, salvie og rosmarin rundt kotelettene. Kok til grønnsakene er myke, ca 5 minutter.

4. Tilsett vin og buljong og kok opp. Reduser varmen til lav. Dekk til og stek i 1 time, vend koteletter av og til, til kalvekjøttet er veldig mørt når det stikkes hull med en gaffel. Tilsett litt vann hvis sausen blir for tykk. Serveres varm.

Biff, potet og grønne bønner gryterett

Spezzatino av Vitello

Gir 4 porsjoner

Hver italiensk kokk har en slik oppskrift på repertoaret. Det egner seg til mange variasjoner, for eksempel å legge til ferske eller frosne erter eller limabønner i stedet for grønne bønner, eller å legge til skivede neper eller gulrøtter til poteter. Siden løken stekes først i gryten, får kalvekjøttet aldri mer enn en lysebrun farge.

2 mellomstore løk, hakket

2 ss olivenolje

2 pund beinfri biffskulder, trimmet og kuttet i 2-tommers biter

Salt og nykvernet sort pepper

2 ts fersk rosmarin

1 fedd hvitløk, finhakket

2 ss tomatpuré

½ kopp tørr hvitvin

3 mellomstore poteter, skrellet og skåret i skiver

12 gram grønne bønner, trimmet og kuttet i 1-tommers biter

1. I en stor gryte, kok løkene i olje på middels varme, rør ofte, til de er myke og gyldne, ca. 10 minutter. Tilsett biffbitene i kjelen. Stek til de er lett gylne, ca 15 minutter.

2. Dryss salt og pepper på toppen. Tilsett rosmarin og hvitløk. Bland med tomatpuréen. Tilsett vinen og kok til mesteparten av væsken har fordampet, ca 3 minutter.

3. Tilsett potetene i kjelen. Dryss salt og pepper på toppen etter smak. Tilsett 2 dl vann og kok opp blandingen.

4. Senk varmen. Dekk til kjelen og kok, rør av og til, i 1 time eller til kalvekjøttet er mørt når det stikkes hull med en gaffel.

5. Tilsett de grønne bønnene i gryten og stek i ytterligere 10 minutter eller til alt kjøttet og grønnsakene er ferdigstekt. Test og juster krydderet. Serveres varm.

Stuet biff med rosmarin og erter

Vitello gryterett

Gir 4 porsjoner

Biffskulder ser ut til å være det mest tilgjengelige snittet for braising, men morkaken er også bra, eller du kan erstatte benete kutt som bryst eller ben. Beinbitene tar mye lengre tid å tilberede, selv om beinene gir mye smak til lapskausen, så vel som kollagenet, som tilfører tekstur og rikdom til buljongen. Jeg hadde denne lapskausen på La Campana, min favoritt trattoria i Roma.

2 ss olivenolje

1 1/2 pund beinfri biffskulder, trimmet og kuttet i 2-tommers biter

1 middels løk, hakket

3 store hvitløksfedd, finhakket

2 ts hakket rosmarin

Salt og nykvernet sort pepper

1/2 kopp tørr hvitvin

1/2 kopp Kyllingsuppe enten Kjøttkraft

2 kopper ferske erter eller 1 (10 unse) pakke frosne erter, delvis tint

1. Varm oljen i en stor nederlandsk ovn eller annen dyp, tung kjele med tettsittende lokk. Legg til nok biffbiter til å passe komfortabelt i gryta i ett lag. Stek, snu ofte, til de er brune på alle sider, ca. 15 minutter. Ha de brunede bitene over på en tallerken. Gjenta med resten av kalvekjøttet. Når kjøttet er brunet legger du det tilbake i gryta.

2. Bland løk, hvitløk og rosmarin. Dryss salt og pepper på toppen etter smak. Tilsett vinen og kok opp. Tilsett buljong. Dekk til pannen og senk varmen. La kalvekjøttet småkoke under omrøring av og til på lav varme i 1 time eller til kjøttet er mørt når det stikkes hull med en gaffel. Tilsett litt vann hvis sausen virker tørr.

3. Bland ertene. Dekk til og kok i ytterligere 10 minutter. Test og juster krydderet. Serveres varm.

Biff- og peppergryte

Stufato di Vitello og Pepperoni

Gir 6 porsjoner

I de sørlige regionene av Italia lages gryteretter som dette med hvilket som helst kjøtt, og noen ganger brukes en blanding. Paprika og tomater gir en saftig smak til mildt smakende biff, men lapskausen kan også lages med lam eller svin. Noen ganger tilsetter jeg en klype knust rød pepper eller fersk rosmarin til ingrediensene. Mild polenta er det perfekte supplement til denne enkle lapskausen.

¼ kopp olivenolje

2 pund beinfri biffskulder, trimmet og kuttet i 2-tommers biter

2 mellomstore løk, i skiver

3 store røde, grønne eller gule paprika, kuttet i 1/2-tommers strimler

1 pund modne tomater, skrellet, frøet og i terninger eller 2 kopper hermetiske tomater i terninger

Salt og nykvernet sort pepper

1. Varm olivenolje i en stor gryte på middels varme. Tilsett akkurat nok kalvekjøttstykker i pannen til å passe komfortabelt i ett lag uten å fylle seg. Kok, snu bitene ofte, til de er lett brune, ca 15 minutter. Ha de brunede bitene over på en tallerken og gjenta med resten av kalvekjøttet.

2. Ha løk og paprika i pannen. Kok, rør ofte, til grønnsakene mykner, ca 5 minutter.

3. Tilsett biff, tomater og salt og pepper etter smak. Reduser varmen til lav. Dekk til og stek i én time, rør av og til, eller til kalvekjøttet er mørt når det stikkes hull med en gaffel. Test og juster krydderet. Serveres varm.

Oksegryte i rødvin

Vitello al Vino Rosso

Gir 6 porsjoner

Jeg prøvde denne biffgryten i Piemonte hjemme hos noen vinmakervenner. De anbefaler å bruke barbera, regionens rødvin.

Barbera er laget av Barbera-druen, som kommer fra Piemonte. Den har det særegne ved å være den eneste italienske druesorten som anses som feminin, og det er derfor den kalles barbera, og tar den feminine artikkelen. På grunn av sitt høye syreinnhold er Barbera en god vin med mange retter og er Piemontes hverdagsdrikkevin. Bytt ut en annen rik rødvin hvis du ikke finner barbera.

¼ kopp universalmel

3 pund beinfri biffskulder, kuttet i 2-tommers biter

2 ss usaltet smør

2 ss olivenolje

1 middels løk, hakket

2 ss tomatpuré

2 kopper tørr rødvin som Barbera eller Chianti

1 kopp kylling- eller oksebuljong

1 stort hvitløksfedd, finhakket

1 laurbærblad

en klype tørket timian

Salt og nykvernet sort pepper

1. Ha melet på vokset papir. Tørk kalvekjøttet og bland deretter kalvekjøttet med melet. Rist av det overflødige.

2. Smelt smøret og oljen over middels varme i en stor nederlandsk ovn eller annen dyp, tung kjele med tettsittende lokk. Legg til nok kalvekjøttstykker til å passe komfortabelt i ett lag uten å fylle seg. Stek, snu bitene ofte, til de er brune på alle sider, ca. 15 minutter. Ha kalvekjøttet over på en tallerken. Stek resten av kalvekjøttet på samme måte.

3. Tilsett løken i kjelen og stek til den er myk, ca 5 minutter. Bland med tomatpuréen. Tilsett vinen og kok opp, skrap bunnen av kjelen med en tresleiv til vinen koker. Hell kjøttet tilbake i pannen og tilsett buljong, hvitløk, urter og salt og pepper. Dekk delvis til pannen og senk varmen.

4.Stek i 1 1/2 time, rør av og til, til kjøttet er mørt når det stikkes hull med en gaffel. Tilsett litt buljong eller vann hvis sausen blir for tykk. Test og juster krydderet. Serveres varm.

Oksegulasj med krem

Gulasj di Vitello

Gir 4-6 porsjoner

Et hint av sitron krydrer denne elegante Alto Adige-gryten. Teknikken er litt forskjellig fra andre gryteretter ved at melet tilsettes krydderne i stedet for å dekke kjøttet, noe som får lapskausen til å virke lettere.

Urtene bindes sammen i en liten bunt slik at de enkelt kan fjernes før servering.

Denne lapskausen passer godt til kokte poteter, gnocchi eller ris.

2 ss usaltet smør

21/2 pund beinfri oksegryte, trimmet og kuttet i 11/2-tommers biter

Salt og nykvernet sort pepper

1 middels løk, hakket

2 ss universalmel

2 kopper kylling- eller biffbuljong

1 laurbærblad

3 kvister fersk persille

Noen kvister fersk timian

2-tommers stripe med sitronskall

¼ kopp tung krem

1. I en stor nederlandsk ovn eller annen dyp, tung gryte med tettsittende lokk, smelt smøret over middels varme. Legg til nok kalvekjøttstykker til å passe komfortabelt i ett lag. Stek til de er brune på alle sider, ca 15 minutter. Ha det brunede kjøttet over på en tallerken. Gjenta med resten av kalvekjøttet. Dryss salt og pepper på toppen.

2. Tilsett løken og stek i ytterligere 5 minutter. Dryss mel på toppen. Øk varmen til middels høy og kok under konstant omrøring i 2 minutter eller til melet er gyllent.

3. Tilsett buljong, skrap opp og bland eventuelle brunede biter i bunnen av kjelen med en tresleiv. Bind laurbærblad, persille, timian og sitronskall med kjøkkensnøre og tilsett væsken. Kok opp væsken og reduser varmen. Dekk til pannen og kok, rør av og til, til kjøttet er mørt når det stikkes igjennom med en gaffel, ca. 1 1/2 time.

4. Fjern knippet med urter. Bland inn kremen. La småkoke, dekket, til det tykner, ca 5 minutter. Test og juster krydderet. Serveres varm.

Biff, chorizo og soppspyd

Spiedini av Vitello

Gir 4 porsjoner

Hvis du vil finne noe annerledes å servere på din neste grillmat, trenger du ikke lete lenger. Små stykker kalvekjøtt, pølse og sopp er en vinnende kombinasjon, spesielt når de grilles over vedild, slik jeg hadde på Trattoria La Piazza i Toscana. De er også gode tilberedt innendørs under slaktekyllingen.

1 pund beinfri biffskulder, trimmet og kuttet i 1 1/2-tommers biter

2 ss olivenolje

2 ss fersk sitronsaft

Salt og nykvernet sort pepper

1 middels rødløk, skivet og delt i lag

16 hvite sopp, skylt

1 pund italiensk svinepølse, kuttet i 1 1/2-tommers biter

friske salvieblader

sitronskiver

1. I en stor bolle blander du sammen biff, olje, sitronsaft og salt og pepper etter smak. Dekk til og la marinere i minst 1 time og opptil 3 timer.

2. Plasser grillen eller stekestativet omtrent 5 tommer fra varmekilden. Forvarm grillen eller grillen.

3. Tre biff, løk, sopp, pølse og salvieblader vekselvis på 8 korte spyd.

4. Grill eller stek spydene, snu ofte, i 6 minutter eller til de er gyldenbrune på alle sider og pølsene er gjennomstekt. Serveres varm med sitronbåter.

Leggbein, Milano-stil

Osso Buco Milanese

Gir 4 porsjoner

I Milano er osso buco en klassisk og kjær rett. Braserte kalveleggskiver serveres med en klype veldig finhakket hvitløk, sitronskall og ansjos som prikken over i-en til sausen. Server osso buco (bokstavelig talt "bein med hull") med små skjeer for å fjerne den smakfulle beinmargen. Seriøse margelskere kan finne lange, tynne margskjeer for å fjerne hver siste bit. Safranrisotto i Milanesisk stildet er det perfekte komplementet.

¼ kopp universalmel

4 kjøttfulle skiver kalveskank (1 1/2-tommers tykk)

2 ss usaltet smør

1 ss olivenolje

Salt og nykvernet sort pepper

1 liten løk, hakket

½ kopp tørr hvitvin

1 kopp skrellede, frødede og kuttede friske tomater eller hermetiske tomater i terninger

1 kopp kylling- eller oksebuljong

2 fedd hvitløk, finhakket

2 ss finhakket flatbladpersille

2 ansjosfileter (valgfritt)

1 ts revet sitronskall

1. Fordel melet på vokspapiret. Dypp kalvekjøtt i mel, rist av overflødig.

2. Smelt smør og olje over middels varme i en nederlandsk ovn eller annen dyp, tung kjele med tettsittende lokk. Tilsett kalvekjøttet og dryss over salt og pepper. Stek til de er gyldenbrune, ca 10 minutter. Vend skivene med tang og dryss salt og pepper på toppen. Dryss løken rundt kjøttet. Stek til løken er stekt og kjøttet brunet, ca 10 minutter til.

3. Tilsett vinen og kok opp, skrap opp og rør eventuelle brunede biter i pannen med en tresleiv. Tilsett tomater og buljong og kok opp. Reduser varmen og dekk pannen delvis.

4. Kok, tø kjøtt av og til med saus, til kalvekjøttet er mørt og faller bort fra benet når det testes med en gaffel, 1 1/2 til 2 timer. Hvis det er for mye væske, fjern lokket og la det fordampe.

5. Omtrent 5 minutter før servering, bland sammen hvitløk, persille, ansjos (hvis du bruker) og sitronskall. Bland blandingen med sausen i en panne og brun kjøttet. Server umiddelbart.

Kalvelegg med Barbera

Osso Buco al Vino Rosso

Gir 4 porsjoner

Selv om den milanesiske versjonen av osso buco er den mest kjente, tilberedes retten også i andre regioner. Dette er en piemontesisk oppskrift.

Når du kjøper kalveskank til osso buco, prøv å kutte skiver fra bakbena. De er mer kjøttfulle enn de som er skåret fra stilken. Se etter bein med mye marg.

2 ss usaltet smør

1 ss olivenolje

4 kjøttfulle skiver kalveskank (1 1/2-tommers tykk)

Salt og nykvernet sort pepper

2 gulrøtter, hakket

1 middels løk, hakket

1 stangselleri, hakket

1 kopp tørr rødvin, for eksempel italiensk Barbera eller Chianti

1 kopp hakkede friske eller hermetiske tomater

2 ts hakket fersk timian eller 1/2 ts tørket timian

1 kopp oksebuljong (Kjøttkraft)

1. Smelt smøret og oljen over middels varme i en stor nederlandsk ovn eller annen dyp, tung kjele med tettsittende lokk. Tørk kalven. Tilsett kalvekjøttet i gryten og dryss over salt og pepper. Kok, snu stilkene av og til, til de er gyldenbrune, ca. 10 minutter. Ha kalvekjøttet over på en tallerken.

2. Tilsett gulrøtter, løk og selleri i kjelen. Kok, rør ofte, til de er møre og gyldne, ca. 10 minutter.

3. Tilsett vinen og kok opp, skrap kjelen med en tresleiv. Bland tomater, timian og buljong og kok opp. Ha kjøttet tilbake i gryten.

4. Når væsken koker, dekk du delvis til kjelen. Skru ned varmen til lav. Stek i 1 1/2 til 2 timer, snu kjøttet av og til og dryss med saus, til kjøttet er veldig mørt og faller bort fra benet når det testes med en gaffel. Hvis sausen ser tørr ut, tilsett litt vann eller buljong i kjelen.

5. Ha kalvekjøttet over på et serveringsfat. Hvis sausen er tynn, dekk til kalvekjøttet og sett det til side. Sett kjelen over høy varme. Kok, rør ofte, til væsken har fordampet og er lett sirupsaktig. Hell sausen over kjøttet og server umiddelbart.

Kalvelegg med Porcini

Stinco fra Vitello al Porcini

Gir 6-8 porsjoner

Mens i USA, de italienske regionene Friuli-Venezia Giulia og Veneto, blir kalveskanker oftest kuttet på kryss og tvers for individuelle porsjoner, blir skanken ofte stående hel for braisering eller steking.

Hele leggen er ett stort kjøttstykke. Benet fungerer som et håndtak som gjør det lettere å kutte, og kjøtt som er skåret parallelt med beinet er smakfullt, mørt og fuktig. Slakteren må sannsynligvis kutte stilkene, så sørg for å bestille dem på forhånd. Be om å kutte av overflødig bein over og under kjøttet.

1 unse tørket porcini-sopp

2 hele kalveskanker, kuttet for å passe en stek (ca. 2½ pund) og bundet

¼ kopp olivenolje

1 ss usaltet smør

Salt og nykvernet sort pepper

2 gulrøtter, hakket

1 stangselleri, hakket

1 middels løk, hakket

2 fedd hvitløk, finhakket

1 kopp tørr hvitvin

1 ss tomatpuré

1 (2-tommers) kvist fersk rosmarin

4 friske salvieblader

1 laurbærblad

1. Legg soppen i en bolle med 1 kopp varmt vann. La stå i 30 minutter. Fjern soppen fra væsken og skyll godt under rennende vann, vær spesielt oppmerksom på bunnen av stilken, der jord samler seg. Hell av og hakk fint. Sil soppvæsken gjennom et papirkaffefilter over i en bolle. Reserver væsken.

2. Varm olivenoljen med smøret over middels varme i en nederlandsk ovn som er stor nok til å passe kalvebein side om side, eller i en annen dyp, tung kjele med tettsittende lokk. Tilsett kalvekjøttet og kok bena, vend av og til, til de er brune, ca. 20 minutter. Dryss salt og pepper på toppen.

3. Dryss sopp, gulrøtter, selleri, løk og hvitløk rundt stilkene og stek til grønnsakene er møre, ca. 10 minutter. Tilsett hvitvinen og la det koke i 1 minutt. Bland tomatpuré, soppvæske og urter. Kok opp og kok på lav varme, snu kjøttet av og til, til det er veldig mørt og faller bort fra beinet når det testes med en gaffel, ca 2 timer. (Tilsett litt vann hvis væsken fordamper for raskt.)

4. Overfør kjøttet til en tallerken og dekk til for å holde det varmt. Vipp gryten og skum fettet fra saftene. Kast urtene. Kok saften til å tykne litt.

5. Fjern strengene fra legglårene. Hold hver stilk ved benet og skjær kjøttet på langs. Legg skivene i en bolle og hell saften over dem alle. Server umiddelbart.

roastbiff ben

Stinco al Forno

Gir 6-8 porsjoner

I Friuli-Venezia Giulia serveres ofte hele kalvekjøttdekk stekt i urter og hvitvin. Pynt stilkene med ristede poteter og rosenkål.

2 ss usaltet smør

1 ss olivenolje

2 hele kalveskanker, kuttet for å passe en stek (ca. 21/2 pund) og bundet

Salt og nykvernet sort pepper

¼ kopp hakket sjalottløk

6 friske salvieblader

1 2-tommers kvist rosmarin

½ kopp tørr hvitvin

1. Sett risten midt i ovnen. Forvarm ovnen til 400°F. Smelt smøret og oljen over middels varme i en nederlandsk ovn som er stor nok til å holde kjøttet i et enkelt lag, eller i en annen dyp, tung

kjele med tettsittende lokk. Tørk kalven. Tilsett bifflårene i gryten. Stek kjøttet, snu med en tang, til det er brunet på alle sider, ca. 20 minutter. Dryss salt og pepper på toppen.

2. Dryss sjalottløk og urter rundt kjøttet. Kok i 1 minutt. Tilsett vinen og kok i 1 minutt.

3. Dekk til kjelen og sett den i ovnen. Kok kjøttet, snu av og til, i 2 timer eller til det er veldig mørt og faller av benet. (Tilsett litt vann hvis væsken fordamper for raskt.)

4. Ha kjøttet over på en tallerken. Fjern trådene. Hold hver stilk ved benet og skjær kjøttet på langs. Legg skivene i en bolle og hell saften over dem alle. Server umiddelbart.

Kalvekjøttbein, bestemorstil

Brasato di Stinco di Vitello alla Nonna

Gir 6-8 porsjoner

Min venninne Maria Colombos familie kom fra Friuli og slo seg ned i Toronto, hvor det er mange friuliere. Denne oppskriften var bestemoren Adas spesialitet.

2 hele kalvekjøttlår, kuttet som for en stek (ca. 2 1/2 pund)

2 ss usaltet smør

2 ss olivenolje

Salt og nykvernet sort pepper

2 mellomstore gulrøtter, hakket

1 middels løk, hakket

2 fedd hvitløk, finhakket

En kvist fersk rosmarin

1 kopp tørr hvitvin

1 kopp skrellede frø og hakkede tomater

2 kopper oksebuljong (Kjøttkraft)

1. Sett risten midt i ovnen. Forvarm ovnen til 350°F. Smelt smør og olivenolje over middels varme i en nederlandsk ovn som er stor nok til å holde kalvebein. Tørk kjøttet og ha det i gryta. Brun kjøttet på alle sider, ca 20 minutter. Dryss salt og pepper på toppen.

2. Dryss gulrøtter, løk, hvitløk og rosmarin rundt kjøttet. Kok til grønnsakene er myke, ca 10 minutter til.

3. Tilsett vinen i kjelen og kok i 1 minutt. Tilsett tomater og buljong.

4. Dekk til kjelen og sett den i ovnen. Kok kjøttet, snu av og til, i 2 timer eller til det er veldig mørt og faller av benet. Ha kjøttet over på en tallerken. (Hvis sausen er for rennende, la væsken småkoke til den har fordampet litt.)

5. Hold hver stilk ved benet og skjær kjøttet på langs. Legg skivene på en varm plate. Hell litt av sausen på toppen. Server umiddelbart, med de resterende sausene ved siden av.

Roastbiff med bacon

Vitello Arrosto

Gir 8 porsjoner

Pancettawrapen blir sprø ved å fukte og krydre denne roastbiffen i romersk stil.

4 gulrøtter, delt i kvarte

2 løk, delt i kvarte

2 ss olivenolje

Salt og nykvernet sort pepper

3 pounds beinfri biff skulder eller ribbe stek, bundet

3 eller 4 kvister rosmarin

4 skiver bacon

½ kopp hjemmelagetKjøttkrafteller butikkkjøpt oksebuljong

1. Sett risten midt i ovnen. Forvarm ovnen til 350°F.

2. Kombiner gulrøtter, løk, olivenolje og salt og pepper etter smak i en panne.

3. Dryss kalvekjøttet med salt og pepper. Stikk rosmarinkvistene under stroppen som holder steken. Pakk ut pancettaen og fordel skivene på langs eller på tvers over kalvekjøttet. Legg kalvekjøttet i pannen oppå grønnsakene.

4. Stek kalvekjøtt i 11/2 time eller til innvendig temperatur når 140°F målt med et øyeblikkelig avlest termometer. Overfør kalvekjøttet fra gryten til et skjærebrett og grønnsakene til en tallerken. Dekk løst med aluminiumsfolie og la hvile i 15 minutter.

5. Tilsett buljongen i pannen. Stek ved å skrape bunnen av pannen med en tresleiv. Kok i 1 minutt.

6. Fjern trådene og hakk kalvekjøttet. Ha skivene over på en tallerken, tilsett grønnsakene og hell saften over toppen. Serveres varm.

Biff i tunfisksaus

Vitello Tonnato

Gir 6 porsjoner

Kalvekjøtt i fyldig tunfisksaus er en klassisk norditaliensk sommerrett. Bytt ut indrefilet av svin eller kalkun eller kyllingbryst om ønskelig. Planlegg å gjøre dette minst 24 timer før servering.

Vitello tonnato serveres noen ganger som forrett, men jeg foretrekker den som hovedrett med grønne bønner og rissalat.

2 liter vann

2 løk

2 stangselleri, hakket

2 gulrøtter, hakket

6 paprika

1 ts salt

2 pund beinfri eller rund roastbiffskank, trimmet og bundet

Dyppe

2 store egg

1 ts dijonsennep

1 ss sitronsaft

Salt

1 kopp ekstra virgin olivenolje

1 boks italiensk tunfisk, drenert i olivenolje

2 ansjosfileter

1 ss kapers, skyllet og drenert, pluss mer til pynt

Pynt med persille og sitronbåter.

1. Kombiner vann, løk, gulrøtter og paprika i en stor gryte. Tilsett salt. Varm opp vannet til det koker. Tilsett biff. Dekk delvis til pannen og la det småkoke i 2 timer eller til kalvekjøttet er mørt når det stikkes hull med en kniv. La kjøttet avkjøles i buljongen.

2. Tilbered sausen: Kok eggene i en liten kjele med kaldt vann til de er dekket, i 12 minutter. Tøm eggene, la dem avkjøles og skrell dem deretter. Ha eggeplommene i en foodprosessor eller blender. Sett eggehvitene til side for annen bruk.

3. Tilsett sennep, sitronsaft og en klype salt. Bearbeid til glatt. Med prosessoren i gang, tilsett oljen sakte.

4. Når all oljen er tilsatt, tilsett tunfisk, ansjos og kapers til den er jevn. Smak til krydder, tilsett sitronsaft eller salt om nødvendig.

5. Server: Skjær kalvekjøttet i veldig tynne skiver. Fordel litt av sausen på et serveringsfat. Lag et lag med biff på tallerkenen uten å dekke skivene. Fordel mer saus. Gjenta lagene og fordel resten av sausene på toppen. Dekk til med plastfolie og avkjøl i minst 3 timer eller over natten.

6. Rett før servering strø over persille og kapers. Pynt med sitronskiver.

Stuet biffskulder

Braisert Vitello Spalla

Gir 6 porsjoner

Denne gammeldagse kalvekjøttet er det ideelle midtpunktet for en minneverdig søndagsmiddag. starte måltidetBlomkålkremog følg kalvenStekt poteter med soppogdampede tomater. fullføre måltidetBakte epler med amaretto.

3 kilo stekt beinfri okseskulder, bundet

3 ss olivenolje

2 fedd hvitløk

1 kvist (2 tommer) rosmarin

Salt og nykvernet sort pepper

1 kopp tørr hvitvin

1 hjemmelaget koppKjøttkrafteller butikkkjøpt oksebuljong

1. Sett ovnsristen på midterste rille i ovnen. Forvarm ovnen til 350°F.

2. Varm olivenolje over middels varme i en nederlandsk ovn eller annen dyp, tung gryte med tettsittende lokk. Legg steken i gryten. Brun kjøttet godt på alle sider, ca 20 minutter.

3. Dryss hvitløk og rosmarin rundt kalvekjøttet. Dryss kjøttet med salt og pepper. Tilsett vinen og kok opp, ca 1 minutt. Tilsett buljongen og dekk til kjelen. Overfør den til ovnen.

4. Stek kjøttet i 1 1/2 time eller til det er veldig mørt når det er gjennomhullet med en gaffel.

5. Overfør kjøttet til et skjærebrett. Dekk til og la hvile i 10 minutter. Hvis det er for mye væske igjen i gryten, sett gryten på komfyren og kok til den har fordampet. Smak til med salt og pepper.

6. Fjern strengene og skjær kjøttet i skiver og legg på en varm tallerken. Hell sausen på toppen og server varm.

Biff fylt kål

Involtini de Verza

Gir 8 porsjoner

Milanesiske kokker serverer kalvefylte kålruller med enkel rispilaf eller potetmos. Kalvekjøttet må males veldig fint til denne oppskriften, så jeg maler det selv i en kjøkkenmaskin. Crinklebladkål er mildere og søtere enn glatt-bladkål, men begge kan brukes i denne oppskriften.

16 store savoykålblader

1 1/2 pund beinfri biffskulder, kuttet i 2-tommers biter og trimmet pent

1/2 rød eller gul paprika, hakket

2 store egg

3/4 kopp nyrevet Parmigiano-Reggiano

2 ss hakket fersk bladpersille

1/4 ts nykvernet muskatnøtt

1 1/2 ts salt

ferskkvernet sort pepper

½ kopp universalmel

2 ss usaltet smør

2 ss vegetabilsk olje

1 kopp skrellede, frødede og kuttede friske tomater eller hermetiske tomater i terninger

2 kopper hjemmelagetKyllingsuppeentenKjøttkraft, eller butikkkjøpt kylling- eller biffbuljong

1. Kok opp en stor kjele med vann. Tilsett kålbladene og kok til de er myke og spenstige, ca 2 minutter. Tøm kålen og avkjøl under rennende vann. Tørk bladene og legg dem på et flatt underlag.

2. Finhakk kalvekjøttet i en foodprosessor. Tilsett paprika, egg, ost, persille, muskat og salt og pepper. Han behandler veldig bra.

3. Hell 1/4 kopp av kjøttblandingen i midten av hvert kålblad. Brett sidene over kjøttet, og brett deretter toppen og bunnen sammen for en pen pakke. Forsegle på langs med en tannpirker.

4. Ha melet i en grunn bolle. Smelt smøret i en stor panne med oljen på middels varme. Rull kålbuntene noen om gangen i mel og ha dem så i pannen. (Legg til akkurat nok rundstykker til å

passe komfortabelt i gryten.) Brun hver side i ca 10 minutter. Overfør dem til en tallerken. Brun resten på samme måte.

5. Når alle rundstykkene er overført til platen, tilsett tomater og buljong i pannen. Krydre med salt og pepper. Ha kålrullene tilbake i gryten. Dekk delvis til og stek i 40 minutter, snu rundstykkene en gang etter 20 minutter.

6. Overfør rundstykkene til et serveringsfat. (Hvis sausen er for rennende, kok til den er tykk.) Hell sausen over bollene og server varm.

Kalve- og tunfiskbrød

Polpettone av Vitello og Tonno

Gir 8 porsjoner

Dette bakte brødet fra Piemonte-regionen kombinerer smakene til vitello tonnato (Biff i tunfisksaus) – kald stekt biff i tunfisksaus – kjøttkake. Den er perfekt for fester fordi du kan lage den på forhånd og servere den fersk i romtemperatur. Server på toppen av salaten med små agurker og tomatskiver. En lett sitronkapersaus er standard garnityr her, men du kan erstattegrønn sausentensitronmajones.

1 kopp revet italiensk eller fransk brød uten skorpe

½ kopp melk

1 boks (6½ oz.) italiensk tunfisk, drenert i olivenolje

6 ansjosfileter, avrent

2 fedd hvitløk, finhakket

1 1/4 kilo kjøttdeig

2 store egg, pisket

2 ss hakket fersk bladpersille

Salt og nykvernet sort pepper

Bandasje

½ kopp ekstra virgin olivenolje

2 ss fersk sitronsaft

2 ss kapers, skylt, drenert og hakket

1 ss hakket fersk bladpersille

1. Bløtlegg brød i melk til det er mykt, ca 5 minutter. Klem ut overflødig væske og legg brødet i en stor bolle.

2. Finhakk tunfisk, ansjos og hvitløk. Hell blandingen i en bolle og tilsett biff, egg, persille og salt og pepper etter smak. Bland godt.

3. Fukt et 14 x 12-tommers stykke tøy lett med vann. Plasser den på en flat overflate. Form kjøttblandingen til et 9-tommers brød og sentrer det på kledet. Pakk kluten rundt brødet, brett det som en pakke og forsegl det helt. Fest bollen hver 2. tomme med kjøkkentape, akkurat som steker.

4. Fyll en kjele som er stor nok med vann til å holde kjøttkaken og kok opp. Tilsett kjøttkaken, dekk delvis til kjelen og stek i 45

minutter, snu brødet en eller to ganger. Slå av varmen og la hvile i 15 minutter.

5. Fjern kjøttkaken fra væsken og legg den på rist for å renne av seg og avkjøles litt. Hvis du ikke er klar til å servere, fjern osteduken, pakk inn brødet i plastfolie og avkjøl.

6. Når du er klar til servering, bland sausingrediensene sammen i en liten bolle. Åpne kjøttkaken og skjær den i skiver. Legg skivene på en tallerken og drypp med saus. Server umiddelbart.

venetiansk lever og løk

Venetiansk fegato

Gir 4 porsjoner

I denne klassiske Veneto-retten kuttes kalvelever i veldig tynne strimler og stekes med tynne skiver løk. Hvis du kan, be slakteren kutte og skjære kalvekjøttet for deg. Server leveren og løken varm.Polentalaget av hvitt maismel.

3 ss olivenolje

3 store løk, i tynne skiver

1 1/2 pund kalvelever, trimmet og kuttet i veldig tynne strimler

Salt og nykvernet sort pepper

1 ss hvit eddik

1 ss hakket fersk bladpersille

1. I en stor panne, varm 2 ss olje over middels varme. Tilsett løken og stek, rør ofte, til løken er veldig myk og gylden, ca. 15 minutter. Tilsett eventuelt litt vann for å unngå at de blir mørkere.

2. Skrap løken på en tallerken. Tilsett resten av oljen i gryten og varm opp på middels varme. Tilsett leveren og salt og pepper etter smak. Øk varmen til høy og kok, rør ofte, til leveren ikke lenger er rosa, ca. 5 minutter.

3. Ha løken tilbake i pannen og tilsett eddik. Rør til løken er gjennomvarmet, ca 3 minutter. Dryss over persille og server umiddelbart.

Fylt oksebryst

Cima alla Genovese

Gir 10-12 porsjoner

Beinfri kalvebryst fylt med kjøttdeig, grønnsaker og ost er en viktig del av julemiddagen i mange genovesiske husholdninger, selv om den også spises året rundt. Kalvekjøttet skjæres i tynne skiver og serveres alene eller sammen grønn saus. Bestill kalvekjøtt fra slakteren og be ham trimme så mye fett som mulig og lage en dyp lomme. Kalvefarsen er arbeidskrevende, men den kan tilberedes flere dager i forveien, noe som gjør den ideell for fester.

Du trenger en kjele som er stor nok til å holde kalvekjøttet, for eksempel en 4 til 5 gallon kjele eller en stor kalkunsteker. Enten kan den kjøpes billig eller lånes av en venn. Du trenger også en solid nål og smakløs tanntråd for å sy fyllingen inne i brystet.

4 liter kaldt vann

2 gulrøtter

1 stilk selleri

2 mellomstore løk

2 fedd hvitløk

noen kvister persille

1 spiseskje salt

Utstoppet

3 skiver italiensk eller fransk brød, skorpen fjernet og kuttet i biter (ca. 1/2 kopp)

1/4 kopp melk

1 kilo kjøttdeig

4 store sammenpiskede egg

1 kopp nyrevet Parmigiano-Reggiano

2 fedd hvitløk, finhakket

1/4 kopp hakket fersk persille

Salt og nykvernet sort pepper

2 kopper ferske erter eller 1 (10 unse) pakke frosne erter, delvis tint

4 gram skinke i ett stykke, kuttet i små terninger

1/4 kopp pinjekjerner

Omtrent 5 pounds beinfri lommebiffbryst, pent oppskåret

Pynt med radicchio, cherrytomater, oliven eller marinerte grønnsaker

1. Kombiner kaldt vann, gulrøtter, selleri, løk, hvitløk, persille og salt i en kjele som er stor nok til å holde den fylte kalvebristen. Kok opp vannet på middels varme. Kok over lav varme i 20 minutter.

2. I mellomtiden forbereder du fyllet: bland brødet og melken sammen i en liten bolle. La stå i 5 minutter. Klem brødet forsiktig for å få det til å renne av seg.

3. I en stor bolle kombinerer du brød, kjøttdeig, egg, ost, hvitløk, persille og salt og pepper etter smak. Bland godt. Bland forsiktig erter, skinke og pinjekjerner.

4. Skyll oksebryst og tørk med et papirhåndkle. Fyll kalveposen med blandingen, fyll den jevnt for å fjerne eventuelle luftbobler. (Ikke fyll lommen mer enn to tredjedeler, ellers kan fyllet gå i stykker ved steking.) Sy åpningen med en stor nål og smakløs tanntråd for tråd. Sjekk sidene og sy dem også lukket hvis det er hull som truer med å fylle seg opp.

5. Plasser oksebryst på 12 x 16-tommers osteduk. Pakk kluten rundt leggen for å danne en bunt. Bind kjøttkaker med kjøkkenstreng i 2-tommers seksjoner, som en stek.

6. Senk kalvekjøttet forsiktig ned i den kokende væsken. Legg et lite grytelokk eller en annen gjenstand på toppen av kalven for å holde den nedsenket. Tilsett eventuelt vann slik at det er helt dekket.

7. Varm opp væsken til den koker. Juster varmen slik at vannet fortsetter å koke. Dekk til og kok i 1 time. Avdekke og kok i ytterligere 1-1 1/2 time eller til kalvekjøttet er mørt når det stikkes hull med en liten kniv. (Sett den gjennom gasbind.)

8. Ha en stor stekepanne klar. Overfør kjøttkaken til pannen. Dekk det rullede kjøttet med en bakeplate eller bakeplate. Legg en tung gjenstand oppå, for eksempel et skjærebrett og store bokser. Avkjøl over natten eller opptil 2 dager.

9. Når du er klar til servering, åpner du kalvekjøttet. Legg kalvekjøttet på et skjærebrett.

10. Skjær kalvekjøttet i tynne skiver og legg dem på et fat. Pynt med radicchio eller garnityr etter eget valg. Server ved kjølig romtemperatur.

Pølse og pepperpanne

Pølse i Padella

Gir 4 porsjoner

Jeg vet alltid når det er en gatemesse i nabolaget mitt i New York. Lukten av pølser, løk og paprika som koker på grillen fyller luften lenge før messen er i sikte. Denne samme kombinasjonen, tilberedt i en stekepanne, gjør et raskt enrettsmåltid. Server med rustikk rødvin og italiensk brød.

2 ss olivenolje

1 pund italiensk svinepølse, kuttet i 1-tommers biter

1 middels løk, kuttet i 1-tommers biter

3 mellomstore poteter, skrelt og kuttet i 1-tommers biter

1 grønn paprika, frøet og kuttet i 1-tommers biter

1 rød paprika, frøet og kuttet i 1-tommers biter

Salt og nykvernet sort pepper

1. Varm olje i en stor stekepanne over middels varme. Tilsett pølsene og brun godt på alle sider. Fjern overflødig fett med en skje.

2. Tilsett resten av ingrediensene i pannen. Dekk til og la det småkoke, rør av og til, til potetene er møre og pølsen er gjennomkokt, ca 20 minutter. Serveres varm.

Semolina gnocchi

Gnocchi alla Romana

Gir 4-6 porsjoner

Pass på at grynene er ferdigstekt med væsken. Når den er underkokt, smelter den til en røre i stedet for å holde formen når den stekes. Men selv om det skjer, smaker det fortsatt godt.

2 kopper melk

2 kopper vann

1 kopp fin semulegryn

2 ts salt

4 ss usaltet smør

2/3 kopp nyrevet Parmigiano-Reggiano

2 eggeplommer

1. I en middels kjele, kok opp melk og 1 kopp vann på middels varme. Bland den resterende 1 koppen med vann og grynene. Skrap blandingen inn i væsken. Tilsett salt. Kok under konstant

omrøring til blandingen koker. Reduser varmen og kok, rør godt, i 20 minutter eller til blandingen er veldig tykk.

2. Fjern kjelen fra varmen. Tilsett 2 ss smør og halvparten av osten. Pisk eggeplommene raskt med en visp.

3. Fukt stekeplaten lett. Hell grynene på arket og spre til 1/2-tommers tykkelse med en metallspatel. La avkjøles, dekk til og avkjøl i én time eller opptil 48 timer.

4. Sett risten midt i ovnen. Forvarm ovnen til 400°F. Smør en 13 x 9 x 2-tommers bakebolle.

5. Dypp en 1 1/2-tommers kake- eller kjekskutter i kaldt vann. Skjær grynene i virvler og legg bitene i den tilberedte bakebollen, litt overlappende.

6. Smelt de resterende 2 ss smør i en liten kjele og hell over gnocchien. Dryss resten av ostene på toppen. Stek i 20-30 minutter eller til de er gylne og sprudlende. La avkjøles i 5 minutter før servering.

Abruzzes brød dumplings

Polpette di Pane al Sugo

Gir 6-8 porsjoner

Mens jeg besøkte vingården Orlandi Contucci Ponno i Abruzzo, likte jeg en smaking av deres utmerkede viner, som inkluderte Trebbiano d'Abruzzo hvite varianter og Montepulciano d'Abruzzo røde, samt forskjellige blandinger. Likevel fortjener gode viner god mat, og lunsjen vår skuffet ikke, spesielt egg, ost og brødkokte dumplings i tomatsaus. Selv om jeg aldri hadde prøvd dem før, viste litt forskning meg at disse "kjøttfrie kjøttbollene" også er populære i andre regioner i Italia, som Calabria og Basilicata.

Kokken på vingården fortalte meg at han lagde kjøttbollene med mollicabrød, innsiden av brødet uten skorpen. Jeg lager dem med grovt brød. Siden det italienske brødet jeg kjøper her ikke er like solid som italiensk brød, gir skorpen dumplingstrukturen.

Hvis du planlegger å lage dem på forhånd, hold kjøttbollene og sausen adskilt rett før servering slik at kjøttbollene ikke suger til seg for mye saus.

1 12-unse italiensk eller fransk brød, kuttet i 1-tommers stykker (ca. 8 kopper)

2 kopper kaldt vann

3 store egg

½ kopp revet Pecorino Romano, pluss mer til servering

¼ kopp hakket fersk persille

1 fedd hvitløk, finhakket

Vegetabilsk olje til steking

Dyppe

1 middels løk, hakket

½ kopp olivenolje

2 bokser (28 oz) skrellede italienske tomater brakt inn med saften, hakket

1 liten tørket peperoncino knust eller en klype knust rød pepper

Salt

6 friske basilikumblader

1. Kutt eller del brød i små biter eller mal brød i en foodprosessor til grove smuler. Bløtlegg brødet i vann i 20 minutter. Klem brødet for å fjerne overflødig vann.

2. I en stor bolle, pisk egg, ost, persille og hvitløk med en klype salt og pepper etter smak. Tilsett smuldret brød og bland godt. Hvis blandingen virker tørr, tilsett et egg til. Bland godt. Form blandingen til baller på størrelse med golfballer.

3. Hell nok olje i en stor, tung panne slik at den er 1/2 tomme dyp. Varm olje over middels varme til en dråpe av brødblandingen syrer når den legges i oljen.

4. Tilsett kulene i pannen og stek, vend forsiktig, til de er gyldenbrune på alle sider, ca. 10 minutter. Tøm kulene på tørkepapir.

5. Til sausen, i en stor gryte, kok løken i olivenolje på middels varme til den er mør. Tilsett tomater, pepperoncino og salt etter smak. Kok på lav varme i 15 minutter eller til den er litt tykkere.

6. Tilsett brødkulene og fordel sausen på toppen. Kok på lav varme i ytterligere 15 minutter. Dryss over basilikum. Server med ekstra ost.

Ricotta fylte pannekaker

manicotti

Gir 6-8 porsjoner

Selv om mange kokker bruker pastarør for å lage manicotti, er dette min mors napolitanske familieoppskrift laget med pannekaker. Ferdige manicotti er mye lettere enn de som er laget med pasta, og noen kokker synes det er lettere å tilberede manicotti med pannekaker.

3 kopper<u>napolitansk ragu</u>

Crepes

1 kopp universalmel

1 kopp vann

3 egg

½ ts salt

Vegetabilsk olje

Utstoppet

2 kilo hel eller delvis skrelt ricotta

4 gram fersk mozzarella, hakket eller revet

½ kopp nyrevet Parmigiano-Reggiano

1 stort egg

2 ss hakket fersk bladpersille

Nykvernet sort pepper etter smak

en klype salt

½ kopp nyrevet Parmigiano-Reggiano

1. Forbered raguen. Bland deretter crepe-ingrediensene i en stor bolle til den er jevn. Dekk til og avkjøl i 30 minutter eller mer.

2. Varm en 6-tommers nonstick-gryte eller stekepanne over middels varme. Smør pannen lett med olje. Hold pannen med den andre hånden og hell i ca 1/3 kopp av crepe-røren. Løft og snu straks pannen slik at bunnen er helt dekket med et tynt lag røre. Fjern overflødig deig. Stek i et minutt eller til kanten av crepeen er brunet og begynner å heve fra pannen. Vend crepeen med fingrene og brun lett den andre siden. Stek i ytterligere 30 sekunder eller til flekken er brun.

3. Skyv den kokte crepeen over på en tallerken. Gjenta, lag pannekaker med resten av røren og stable dem oppå hverandre.

4. Til fyllet blander du alle ingrediensene i en stor bolle til de er akkurat blandet.

5. Legg et tynt lag med saus i en 13 x 9 x 2-tommers bakebolle. Fyll pannekakene ved å legge ca 1/4 kopp av fyllet langs den ene siden av pannen. Rull crepeen til en sylinder og legg på bakeplaten med sømsiden ned. Fortsett å fylle og rulle de resterende pannekakene, plasser dem tett sammen. Hell mer saus på toppen. Dryss ost på toppen.

6. Sett risten midt i ovnen. Forvarm ovnen til 350°F. Stek i 30-45 minutter eller til sausen er boblende og manicotti er gjennomvarmet. Serveres varm.

Timbale av Abruzzo pannekaker og sopp

Scrippe Timpani

Gir 8 porsjoner

En venn hvis bestemor var fra Teramo, i Abruzzo-regionen, husket de deilige pannekakene med lag av sopp og ost som bestemoren hennes laget til høytiden. Her er en versjon av retten som jeg har tilpasset fra Slow Food Editore-boken Ricette di Osterie d'Italia. I følge boken har pannekaker sine røtter i den komplekse tilberedningen av crêpes som franske kokker introduserte til regionen på 1700-tallet.

21/2 kopper<u>toskansk tomatsaus</u>

Crepes

5 store egg

1 1/2 kopp vann

1 ts salt

1 1/2 kopper allsidig mel

Vegetabilsk olje til steking

Utstoppet

1 kopp tørket sopp

1 kopp lunkent vann

¼ kopp olivenolje

1 pund fersk hvit sopp, skylt og kuttet i tykke skiver

1 fedd hvitløk, finhakket

2 ss fersk flatbladpersille

Salt og nykvernet sort pepper

12 gram fersk mozzarellaost, skiver og revet i 1-tommers biter

1 kopp nyrevet Parmigiano-Reggiano

1. Forbered tomatsausen. Pisk crepe-ingrediensene i en stor bolle til den er jevn. Dekk til og avkjøl i 30 minutter eller mer.

2. Varm en 6-tommers nonstick-gryte eller stekepanne over middels varme. Smør pannen lett med olje. Hold pannen med den andre hånden og hell i ca 1/3 kopp av crepe-røren. Løft og snu straks pannen slik at bunnen er helt dekket med et tynt lag røre. Fjern overflødig deig. Stek i 1 minutt eller til kanten av crepeen er brunet og begynner å heve seg fra pannen. Vend

crepeen med fingrene og brun lett den andre siden. Stek i ytterligere 30 sekunder eller til flekken er brun.

3. Skyv den kokte crepeen over på en tallerken. Gjenta å lage pannekakene med resten av røren, og stable dem oppå hverandre.

4. For å forberede fyllet, bløtlegg den tørkede soppen i vann i 30 minutter. Fjern soppen og behold væsken. Skyll soppen under kaldt rennende vann for å fjerne grus. Vær spesielt oppmerksom på endene av stilken der jord samler seg. Hakk soppen i store biter. Sil soppvæsken gjennom et papirkaffefilter over i en bolle.

5. Varm oljen i en stor stekepanne. Tilsett soppen. Kok, rør ofte, til soppen er gyllenbrun, 10 minutter. Tilsett hvitløk, persille og salt og pepper etter smak. Stek til hvitløken er gylden, ca 2 minutter til. Bland den tørkede soppen og væsken deres. Kok i 5 minutter eller til det meste av væsken har fordampet.

6. Sett risten midt i ovnen. Forvarm ovnen til 375°F. Legg et tynt lag tomatsaus i en 13 x 9 x 2-tommers bakebolle. Lag et lag med pannekaker og legg de litt oppå hverandre. Legg til et lag med sopp, mozzarella, saus og ost. Gjenta lagene og avslutt med pannekaker, saus og revet ost.

7.Stek i 45-60 minutter eller til sausen er boblende. La stå 10 minutter før servering. Skjær i firkanter og server varm.

Toskansk håndlaget spaghetti med kjøttsaus

Pici al ragù

Gir 6 porsjoner

De seige trådene av håndlaget pasta er populære i Toscana og deler av Umbria og blir ofte sauset med kjøttragù. Pastaen heter pici eller pinci og kommer fra ordet apicciata som betyr "håndtrukket".

Jeg lærte å lage dem i Montefollonico på en restaurant som heter La Chiusa, hvor kokken kommer til hvert bord og viser middagsgjestene hvordan de skal lage dem. Disse er veldig enkle å lage, selv om de er tidkrevende.

3 kopper ubleket universalmel, pluss mer for å forme deigen

Salt

1 ss olivenolje

ca 1 kopp vann

6 kopper [toskansk kjøttsaus](#)

½ kopp nyrevet Parmigiano-Reggiano

1. Ha melet og 1/4 ts av saltet i en stor bolle og rør sammen. Hell olivenolje i midten. Begynn å blande ved å tilsette vann sakte og stopp når deigen begynner å samle seg og danne en ball. Vend deigen ut på en lett melet overflate og elt til den er jevn og elastisk, ca 10 minutter.

2. Form deigen til en ball. Dekk til med en opp-ned bolle og la stå i 30 minutter.

3. Dryss en stor ildfast form med mel. Del deigen i fire deler. Bruk en fjerdedel av deigen om gangen og ha resten tildekket. Klem ut små biter, omtrent på størrelse med en hasselnøtt.

4. På en lett melet overflate, med hendene utstrakt, rull hvert stykke deig til tynne tråder som er omtrent 1/8 tomme tykke. Legg trådene på den tilberedte bakeplaten slik at det er mellomrom mellom dem. Gjenta med resten av deigen. La pastaen tørke uten lokk i ca 1 time.

5. Tilbered sausen i mellomtiden. Kok så opp 4 liter vann i en stor kjele. Tilsett salt etter smak. Tilsett pici og kok til de er al dente, møre, men fortsatt faste. Hell av og bland pastaen med sausen i en stor varm bolle. Dryss osten på toppen og bland igjen. Serveres varm.

Pici med hvitløk og brødsmuler

Pici med le Briciole

Gir 4-6 porsjoner

Denne retten er fra La Fattoria, en sjarmerende restaurant ved innsjøen nær den etruskiske byen Chiusi.

1 pund <u>Toskansk håndlaget spaghetti med kjøttsaus</u>, trinn 1-6

½ kopp olivenolje

4 store hvitløksfedd

½ kopper fine, tørre brødsmuler

½ kopp nyrevet Pecorino Romano

1. Forbered pastaen. Varm oljen over middels varme i en stekepanne som er stor nok til å holde all pastaen. Knus hvitløksfeddene lett og legg i pannen. Stek til hvitløken er gylden, ca 5 minutter. Ikke la den bli brun. Fjern hvitløken fra pannen og tilsett brødsmulene. Kok, rør ofte, til smulene er gyllenbrune, ca. 5 minutter.

2. I mellomtiden koker du minst 4 liter vann. Tilsett pastaen og 2 ss salt. Bland godt. Kok over høy varme, rør ofte, til pastaen er al dente, mør, men fast mot ganen. Tøm pastaen.

3. Tilsett pastaen i pannen med smulene og bland godt over middels varme. Dryss osten på toppen og bland igjen. Server umiddelbart.

semulegrynsdeig

gjør ca 1 kilo

Semulemel laget av durumhvete brukes til å lage flere typer fersk pasta i Sør-Italia, spesielt i Puglia, Calabria og Basilicata. Tilberedt er disse pastaene faste og passer godt til sterke kjøtt- og grønnsakssauser. Deigen er veldig hard. Det kan eltes for hånd, selv om det er litt av en øvelse. Jeg foretrekker å bruke en høydrevet foodprosessor eller blender for å gjøre blandingen tung, og deretter elte for hånd en stund for å være sikker på at konsistensen er akkurat passe.

1 1/2 kopper fint semulemel

1 kopp universalmel pluss mer til støvtørking

1 ts salt

Ca 2/3 kopp varmt vann

1. Kombiner de tørre ingrediensene i bollen til en foodprosessor eller kraftig blender. Tilsett vann gradvis for å lage en stiv, ikke-klebrig deig.

2. Vend deigen ut på en lett melet overflate. Elt til den er jevn, ca 2 minutter.

3. Dekk deigen med en bolle og la den hvile i 30 minutter. Dryss to store bakeplater med mel.

4. Skjær deigen i 8 deler. Strikk ett stykke om gangen og dekk de resterende stykkene med en omvendt bolle. På en lett melet overflate ruller du ett stykke deig til et langt tau, omtrent 1/2 tomme tykt. Form deigen til cavatelli eller orrecchiette som beskrevet<u>Cavatelli med ragu</u>resept.

Cavatelli med ragu

Cavatelli med ragu

Gir 6-8 porsjoner

Butikker og kataloger som spesialiserer seg på pastalagingsutstyr har ofte utstyr til å lage cavatel. Det ser ut som en gammel kjøttkvern. Du fester den til arbeidsflaten din, setter deigtauet i den ene enden, snur på sveiven, og en gjennomstekt cavatelli kommer ut av den andre enden. Denne batchen med deig gjør kort med det, men jeg ville ikke hatt noe imot om jeg ikke lagde cavatelli ofte.

Når du former cavatelli, bruk tre eller en annen grov overflate. Den grove overflaten tar tak i pastadeigbitene, slik at de kan trekkes med en kniv i stedet for å gli som på en glatt glatt arbeidsflate.

<u>ragu pølse</u>enten<u>siciliansk tomatsaus</u>

1 pund<u>semulegrynsdeig</u>er forberedt gjennom trinn 4

Salt

1. Tilbered ragù eller saus. Forbered 2 bakeplater med mel.

2. Skjær deigen i 1/2-tommers biter. Hold en liten kniv med et sløvt blad og en avrundet spiss slik at pekefingeren trykker mot

knivbladet. Flat ut hvert deigstykke ved å trykke og trekke litt slik at deigen krøller seg rundt tuppen av kniven og danner et skall.

3. Fordel bitene utover de tilberedte brettene. Gjenta med resten av deigen. (Hvis du ikke skal bruke cavatelli innen en time, plasser brettene i fryseren. Når bitene er faste, legg dem i en plastpose og forsegl tett. Ikke tine før steking.)

4. Kok opp fire liter kaldt vann over høy varme. Tilsett cavatelli og 2 ss salt. Kok, rør av og til, til pastaen er kokt, men fortsatt litt seig.

5. Tøm cavatellien og hell i en varm serveringsbolle. Bland med sausen. Serveres varm.

Cavatelli med calamari og safran

Cavatelli med blekksprutsugo

Gir 6 porsjoner

Den litt seige teksturen til calamarien utfyller tygden til cavatellien i denne moderne sicilianske oppskriften. Sausen får en jevn, fløyelsmyk tekstur fra blandingen av mel og olivenolje og en fantastisk gul farge fra safranen.

1 ts safran tråder

2 ss varmt vann

1 middels løk, hakket

2 fedd hvitløk, finhakket

5 ss olivenolje

1 kilo rentakkar(blekksprut), kuttet i 1/2-tommers ringer

½ kopp tørr hvitvin

Salt og nykvernet sort pepper

1 ss mel

1 kilo fersk eller frossen cavatelli

¼ kopp hakket fersk persille

Ekstra virgin olivenolje

1. Knus safranen i lunkent vann og reserver.

2. I en stor nok panne steker du løk og hvitløk i 4 ss olje over middels varme til løken er lett brunet, ca. 10 minutter. Tilsett calamari og kok under omrøring til calamari er ugjennomsiktig, ca. 2 minutter. Tilsett vin og salt og pepper etter smak. Kok opp og kok i 1 minutt.

3. Bland den resterende spiseskjeen med olje og melet. Bland blandingen med calamarien. Kok opp. Tilsett safranblandingen og kok videre i 5 minutter.

4. I mellomtiden koker du minst 4 liter vann. Tilsett pastaen og 2 ss salt. Bland godt. Kok over høy varme, rør ofte, til pastaen er mør, men litt kokt. Tøm pastaen og ta vare på en del av kokevannet.

5. Bland pastaen med calamarien i pannen. Tilsett litt av det reserverte kokevannet hvis blandingen virker tørr. Tilsett persillen og bland godt. Fjern fra varmen og drypp over litt ekstra virgin olivenolje. Server umiddelbart.

Cavatelli med rucola og tomat

Cavatelli sammen med Rughetta og Pomodori

Gir 4-6 porsjoner

Ruccola er mest kjent som en grønn salat, men i Puglia tilberedes den ofte eller, som i denne oppskriften, blandes den inn i varme supper eller pastaretter i siste liten for å bare visne. Jeg elsker den krydrede nøttesmaken den tilfører.

¼ kopp olivenolje

2 fedd hvitløk, finhakket

2 pund modne plommetomater, skrellet, frøet og hakket, eller 1 (28 oz.) boks italienske skrellede tomater med juice

Salt og nykvernet sort pepper

1 kilo fersk eller frossen cavatelli

½ kopp strimlet ricotta eller Pecorino Romano

1 stor haug med ruccola, kuttet og revet i små biter (ca. 2 kopper)

1. I en panne som er stor nok til å holde alle ingrediensene, kok hvitløken i oljen på middels varme til den er lett gylden, ca. 2

minutter. Tilsett tomatene og salt og pepper etter smak. Kok opp sausen og kok til den tykner, ca 20 minutter.

2. Kok opp minst 4 liter vann. Tilsett pasta og salt etter smak. Bland godt. Kok over høy varme, rør ofte, til pastaen er kokt. Tøm pastaen og ta vare på en del av kokevannet.

3. Bland pastaen med halvparten av osten i tomatsausen. Tilsett ruccola og bland godt. Tilsett litt reservert kokevann hvis pastaen føles for tørr. Dryss resten av ostene på toppen og server umiddelbart.

Orecchiette med svineragout

Orecchiette med Ragu di Maiale

Gir 6-8 porsjoner

Min venn Dora Marzovilla kommer fra Rutigliano nær Bari. Han er en dyktig pastamaker og jeg har lært mye av å se på ham. Dora har en spesiell pastaplate i tre som kun brukes til å lage pasta. Mens Dora tilbereder en rekke ferske pastaer som gnocchi, cavatelli, ravioli og maloreddus (sardinsk safrangnocchi) på familiens restaurant i New York, I Trulli, er Orecchiettes hennes spesialitet.

Å lage orecchiette er veldig likt å lage cavatetelli. Hovedforskjellen er at pastaskallet har en mer åpen kuppelform, litt som en veltet frisbee eller, i italiensk fantasi, små ører, som de får navnet sitt fra.

> 1 oppskrift semulegrynsdeig
>
> 3 kopper Svinekjøtt Ragù med friske urter

½ kopp nyrevet Pecorino Romano

1. Forbered ragù og deigen. Forbered 2 store bakeplater med mel. Skjær deigen i 1/2-tommers biter. Hold en liten kniv med et sløvt blad og en avrundet spiss slik at pekefingeren trykker mot knivbladet. Flat hvert deigstykke med tuppen av en kniv ved å

trykke og trekke litt slik at deigen danner en skive. Snu hver disk opp ned på tuppen av tommelen for å lage en kuppelform.

2. Fordel bitene utover de tilberedte brettene. Gjenta med resten av deigen. (Hvis du ikke skal bruke orecchietten innen 1 time, plasser beholderne i fryseren. Når bitene er faste, legg dem i en plastpose og forsegl tett. Ikke tine før tilberedning.)

3. Kok opp minst 4 liter vann. Tilsett pasta og salt etter smak. Bland godt. Kok over høy varme, rør ofte, til pastaen er al dente, mør, men fortsatt fast. Tøm pastaen og ta vare på en del av kokevannet.

4. Tilsett pastaen i ragùen. Tilsett osten og bland godt, tilsett det reserverte kokevannet hvis sausen virker for tykk. Server umiddelbart.